Impressum:

Personen und Handlungen sind frei erfunden.
Ähnlichkeiten mit lebenden oder verstorbenen Personen sind zufällig und nicht beabsichtigt.

Besuchen Sie uns im Internet:
www.papierfresserchen.de

© 2016 – Papierfresserchens MTM-Verlag GbR
Oberer Schrannenplatz 2, D- 88131 Lindau
Telefon: 08382/7159086
info@papierfresserchen.de
Alle Rechte vorbehalten.

Lektorat: Melanie Wittmann
Herstellung: Redaktions- und Literaturbüro MTM
www.literaturredaktion.de

Druck: Bookpress / Polen / Gedruckt in der EU

ISBN: 978-3-86196-661-6 – Taschenbuch

Tania Eichhorn

Winterzeit im Wichtelwald

Mit Bildern von Iris Volderauer

*Für meine
*wunder*VOLLEN Kinder
Anna und Felix.

Für meine geliebte Mama.*

Inhalt

Die Winterzeit beginnt	7
Wichtelstreit zur Winterzeit	11
Spuren im Wichtelwald	27
Vom Tannenbaum und den Wunschzettelchen	35
Die Post ist da	41
Bruno vom Zauberberg	60
Familienbürde DrachenWachen	67
Das Lichterfest	81
Brunos TonTopf	87
Großvater Brock	101
Der Weihnachtsbaum	115
Die Schwitzhütte und das vergessene Geschenk	128
Kranke Wichtelkinder	136
Ein perfekter Schitag	157
Auch Eislaufen will gelernt sein	166
Das Fest in der Bärenhöhle	183
Der Abschied von Großvater	190

Die Winterzeit beginnt

Wie in jedem Jahr war auch heuer die Winterzeit im Wichtelwald eine besonders zauberhafte Angelegenheit.

Schöne dicke Schneeflocken bedeckten schon seit Tagen jeden Baum und jeden Strauch und verwandelten das kleine Wichteldorf unter den Fichten im hintersten Winkel des Waldes in eine wunderschöne Glitzerwelt. Gut versteckt und sichtbar nur für Menschenkinder, die an den Zauber des Lebens glaubten, lebten hier die beiden Wichtelkinder Flora und Phio mit ihrer Familie und all ihren Freunden.

Es war eine wahre Pracht. Der Wald glitzerte und funkelte, wenn die Sonnenstrahlen durch die Eiskristalle blinzelten. Bunte Lichter tanzten über die gefrorenen Schneeflocken und es war still. Zauberhaft still.

Alle Tiere hatten sich verkrochen und man konnte in diesen Tagen nur das herzhafte Lachen von Wichtelkindern hören, die vergnügt auf ihren Rindenrodeln die Hänge hinunterzischten.

Doch für heute hörte man nichts mehr, denn während draußen eisige Temperaturen herrschten, wärmten sich die Wichtelkinder Flora und Phio in der Wurzelhöhle unter der großen Fichte am Kaminfeuer die durchgefrorenen Zehen. Die beiden waren mit ihrer kleinen Rindenrodel unterwegs gewesen und erst nach Hause gekommen, als ihre winzigen Füßlein schon ganz kalt geworden waren. Pinka, ihre Wichtelmama, kochte ihnen heiße Milch mit Zimt und Honig und verwöhnte die zwei mit einer kleinen Kostprobe ihrer selbst gebackenen Waldbeerkekse.

Liebevoll kuschelte sie sich zu ihren Wichtelkindern und fragte: „Hattet ihr einen schönen Nachmittag?"

„Ja, Mama, es war wunderbar", begann Flora mit leuchtenden Augen zu erzählen. „Wir haben Margarita und Fabio getroffen. Sie haben zum Geburtstag neue Rindenrennflitzer bekommen. Wir sind dann um die Wette den steilen Hang zum Teich hinuntergeflitzt!"

„Ja, und ich, Mama, ich hab einen Purzelbaum im Schnee gemacht!" Phio hatte einen Milchbart um den Mund und grinste übers ganze Gesicht.

„Das klingt ja richtig lustig", freute sich Pinka, als es plötzlich an der Tür klopfte.

Poch, poch, poch. Mit lautem Gepolter stolperte der Wichtelpapa in die Höhle. Er hatte beide

Arme voller Holzscheite, die Haare voller Schnee und einen kleinen Eiszapfen an der Nase. „Sodala, ich bringe Holz für warme Füße", sagte er und lächelte den Kindern zu.

Diese kicherten, denn ihr Papa schaute aus wie ein richtiger Schneewicht.

„Oh, ihr findet, dass ich lustig aussehe? Wartet nur!", rief er, legte die Scheite in die Ecke und sauste hinüber zu Flora und Phio, die eingepackt vor dem Feuer saßen. Schnell umarmte er die beiden Kinder, die vor Vergnügen quietschten und lachten.

„Ah, Papa, das ist kalt. Weg mit dir!", rief Flora, als Lux ihr ein Küsschen aufdrücken wollte.

„Ich mach das", rief Phio und zog mit ganzer Kraft seinen Wichtelpapa nach hinten. Platsch. Schon lagen die zwei am Boden und der Schnee rieselte Lux aus den Haaren. Es dauerte nicht lange, bis sich eine Pfütze vor dem Kamin gebildet hatte.

„Ich glaube, wir brauchen noch eine Tasse heiße Milch, hm?", fragte Pinka und reichte diese Lux. „Kommt, wickelt euch alle in die Decke! Es ist kalt. Ich lege Holz nach und lese euch etwas vor."

Das ließen sich die Kinder nicht zweimal sagen. Und auch Lux genoss es, nach der Arbeit im Wald vor dem Feuer sitzen zu können und Zimtmilch zu schlürfen.

Es war eine wundervolle Zeit im Wichtelwald. Unbeschwert und frei. Voller Stille auf der einen Seite und voll freudigem Gelächter auf der anderen. Und wie jedes Jahr zur Winterzeit rieselten jeden Tag dicke Flocken vom Himmel und hüllten den Wald in eine weiße Glitzerdecke. Kein Tag verging, ohne dass es schneite.

Wichtelstreit zur Winterzeit

Eines Morgens, die Sonnenstrahlen glitzerten an der mit Eisblumen bemalten Scheibe des kleinen Küchenfensters, sagte Pinka, die Wichtelmama: „Kinder, es tut mir sehr leid, aber heute könnt ihr nicht in den Wald gehen."

„Nein, warum denn?", rief Phio entsetzt und auch Flora gefiel der Gedanke, den ganzen Tag in der Wurzelhöhle verbringen zu müssen, überhaupt nicht.

„Mama, warum denn? Es hat doch so viel geschneit und heute ist keine Schule", sagte Flora empört.

„Es tut mir sehr leid, aber heute geht es nicht. Es hat so viel geschneit, dass es draußen zu gefährlich für euch ist. Von den Bäumen fallen immer wieder richtige Schneelawinen herunter, und wenn euch davon auch nur eine einzige trifft ... ohhh, daran möchte ich gar nicht denken!"

„Aber, Mama, wir passen doch gut auf", erwiderte Phio.

Und auch Flora versuchte, ihre Mama umzustimmen: „Ich passe gut auf Phio auf, Mama. Darauf kannst du dich verlassen."

Aber die Wichtelmama gab nicht nach. „Ihr bleibt heute zu Hause und Schluss! Es ist einfach zu gefährlich. Kommt, wir machen uns einen netten Nachmittag. Wir könnten Kekse backen."

Widerwillig gehorchten die Kinder und verbrachten einen gemütlichen Tag in der Wichtelhöhle.

Am Abend, als die Kinder schon friedlich in ihren Betten schlummerten, besprachen die Wichteleltern die Situation.

„Lux, ich denke, es ist sinnvoll, ein paar Tage unsere Wurzelhöhle nicht zu verlassen. Vielleicht sollten wir den anderen im Dorf mitteilen, dass es draußen sehr gefährlich ist", meinte Pinka sorgenvoll.

„Meine Liebe, wie willst du das machen? Es ist ja auch für dich zu gefährlich. Der Schnee rutscht leicht ab und außerdem sind die Wege tief verschneit", murmelte Lux verschlafen und kuschelte sich in seine Decke.

„Na ja", begann Pinka erneut, „ich würde fast

meinen, dass wir unser Warnsystem nutzen könnten. Du erinnerst dich?"

Mit einem Mal war Lux wieder hellwach. „Pinka, du weißt, dass das nur bei äußerster Gefahr verwendet werden darf. Dies allerdings ist eine Gefahr, die jeder sieht, wenn er aus dem Fenster schaut. Wir müssen niemanden warnen. Auch alle anderen werden auf sich aufpassen. Vertrau darauf! Wir achten auf uns und die Kinder und bleiben die nächsten Tage in unserer sicheren Höhle, bist du damit einverstanden?"

Pinka schaute nachdenklich in die Luft. „Du hast recht, Lux. Jeder sieht die Gefahr. Dann lass uns einfach ein paar Tage zu Hause bleiben und erst nach draußen gehen, wenn es wieder aufhört zu schneien."

Die Nacht wurde eisig kalt. Im Ofen knisterte das Feuer und eine dicke Eisschicht belegte die Fenster der kleinen Wurzelhöhle.

Wie am Abend besprochen, durften die Kinder auch am nächsten Tag nicht nach draußen.

„Ihr dürft die nächsten paar Tage von der Schule zu Hause bleiben. Es wäre zu gefährlich, euch durch den Wald ins Wichteldorf zu schicken", sagte Pinka frühmorgens, als Flora und Phio wie gewohnt bei Sonnenaufgang aufstanden.

„Ja, und ich muss in die Vorschule gehen?", fragte Phio enttäuscht.

„Aber nein", entgegnete Pinka, „natürlich bleibst du auch daheim."

Mit einem lauten „Juchu!" sprang Phio durch die Wurzelhöhle und freute sich über die unverhofften Ferien.

Flora allerdings, die sehr gerne zur Schule ging, reagierte eher schmollend. „Nicht einmal zur Schule darf ich gehen? Aber dann lerne ich doch nichts! Und ich sehe Margarita nicht", sagte sie mit beleidigtem Gesichtsausdruck.

„Du wirst sehen, wir werden es uns hier gemütlich machen", versuchte Pinka ihr kleines Wichtelmädchen zu beruhigen. „Und du kannst ja trotzdem lesen und schreiben. Frau Sommer wird sich bestimmt freuen, wenn du ihr zeigst, was du alleine zu Hause geschafft hast. Und ich bin mir sicher, du wirst ein paar Tage ohne Margarita aushalten."

Nur ungern akzeptierte Flora die Entscheidung ihrer Mutter, aber was sollte sie tun? Und so wurde in den nächsten Tagen viel gebastelt, gespielt und natürlich gebacken. Außerdem hatten die vier Wichtel endlich einmal Zeit zu musizieren. Flora spielte auf ihrer Flöte erste Winterlieder, Phio trommelte dazu und Pinka zupfte eher unbeholfen auf der Mandoline.

„Ich freue mich schon, wenn uns Opapa besuchen kommt und wirklich schöne Lieder spielt. Meine klingen eher wie das quietschende Mühlrad unten am Bach", meinte Pinka und streckte ihre verkrampften Finger aus. Phio grinste schelmisch, doch Flora erwiderte versöhnlich: „Du spielst sehr schön, Mama."

Pinka bedankte sich mit einem Lächeln und stimmte ein weiteres Lied an.

Auch Lux unterstützte das Familienorchester mit seiner tiefen Bassstimme, doch nicht immer traf er die richtigen Töne. „Es ist noch kein Meister vom Himmel gefallen, oder?", brummte er, wenn ihm die schiefen Blicke der anderen auffielen, doch er trällerte voller Überzeugung weiter. Und eigentlich störte es auch niemanden, denn das Allerschönste war, dass sie gemeinsam sangen und spielten.

Vor allem die Kinder genossen es, dass Lux viel Zeit zu Hause verbringen musste. Endlich hatte er die Muße, mit Phio an einem Geschenk für Pinka zu basteln und mit Flora den Tisch in ihrer Schlafkammer zu reparieren.

So vergingen einige Tage. Die ganze Familie hatte ihren Spaß und doch wurden die Kinder langsam zappelig. Immer öfter kam es nun wegen Kleinigkeiten zum Streit. Flora stieß versehentlich Phios Turm aus Bauklötzen um, Phio stibitzte heimlich Floras Farben, Pinka fiel eine Masche der Strickarbeit hinunter und Lux war es einfach nicht gewohnt, ständig in der Wurzelhöhle zu sein, und sehnte sich nach frischer Luft.

Vor allem aber Phio wurde oft ungeduldig und wütend, denn er mochte es gar nicht, wenn er bei einem Spiel verlor. Und Flora hatte irgendwann einfach keine Lust mehr, zu singen oder zu basteln, und langweilte sich in ihrer Kammer.

Mittlerweile war die kleine Wichtelfamilie schon seit über 14 Tagen in der Wurzelhöhle eingeschneit. Alle wollten hinaus in den Wald, die Kinder, um mit ihren Rodeln zu flitzen oder um einen Schneewicht zu bauen, die Wichteleltern, um einen romantischen Spaziergang durch die glitzernde Winterlandschaft zu machen und die Rehe zu besuchen. Alle konnten nur noch daran denken, was sie machen wollten, wenn es endlich zu schneien aufhören würde.

Eines Morgens hörte man ein lautes Schreien aus Floras Zimmer.
„Au, du tust mir weh!", schrie Flora.
„Nein, lass mich! Das gehört mir!", entgegnete Phio. „Immer nimmst du meine Sachen!"
„Das ist nicht wahr!"
„Ich hab das gehabt!"
Ratsch ...

Die Wichtelmama stolperte verträumt aus dem Bett hinüber zu Floras Kammer. Da lagen die beiden Wichtelkinder am Boden und jeder hatte ein halbes Buch in der Hand.

„Was um alles in der Welt soll das hier? Es ist noch nicht einmal die Sonne aufgegangen und ihr weckt uns mit eurer Streiterei auf?" Die Wichtelmama wurde zornig, als sie das zerrissene Buch sah. „Jeder geht jetzt in sein Bett! Über das Buch reden wir später. Und glaubt bloß nicht, dass das keine Folgen hat!" Wütend verließ sie die Kammer, um wieder in ihr Bett zu kriechen.

Die Kinder warfen sich noch einen letzten wütenden Blick zu, bevor sie zurück unter ihre Decken wanderten.

„Was ist denn mit den Kindern los?", fragte der Wichtelpapa.

„Ach, sie haben um mein altes Märchenbuch gekämpft. Das liegt jetzt halbiert in Floras Zimmer ... Gut, dass ich noch müde bin, sonst wäre ich explodiert vor Zorn."

„Nimm es nicht so tragisch, Liebling, die Kinder müssen schon seit über zwei Wochen in der Wurzelhöhle bleiben. Da kann es schon vorkommen, dass man schlechte Laune bekommt. Ich mache uns ein gutes Frühstück, dann sieht die Welt schon wieder ganz anders aus."

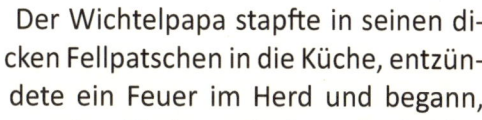

Der Wichtelpapa stapfte in seinen dicken Fellpatschen in die Küche, entzündete ein Feuer im Herd und begann, den Tisch zu decken. Auch Phio konnte es im Bett nicht mehr aushalten und schlich sich aus seiner Kammer hinüber zur Kochstelle.

„Papa?", begann er zaghaft. „Es tut mir leid, dass Mamas Buch kaputt gegangen ist." Dicke Tränen kullerten ihm über das Gesicht. „Das wollte ich nicht. Flora hat es mir nicht zurückgegeben ... ich habe es doch gehabt!"

„Ach, mein kleiner Phio, ihr solltet nicht streiten, schon gar nicht um Dinge, die euch noch nicht einmal gehören. Mama ist traurig, dass das Buch kaputt ist. Am besten wird es sein, du entschuldigst dich bei ihr."

„Aber ... aber ... Mama ist sicherlich furchtbar böse. So wie Flora. Die ist auch böse. Sie hatte einen ganz roten Kopf."

„Phio, du entschuldigst dich nachher bei Mama. Und Flora sollte das auch tun."

„Aber ..."

„Nichts aber! Du solltest dich auch mit deiner Schwester wieder vertragen." Der Wichtelpapa bestrich das frische Haselnussbrot mit Schwarzbeergelee und rief ein lautes „Frühstück!" durch die Wichtelhöhle.

Mit Anlauf stürmte der kleine Phio vorher noch schnell in die Schlafkammer seiner Mama, kroch unter ihre Decke und murmelte ein leises „Entschuldigung, Mama".

„Ja, mein Phio, schon gut", sagte Pinka und nahm ihren kleinen Wichtelbuben in die Arme. „Wir werden versuchen, das Buch zu reparieren. Komm, lass uns frühstücken gehen."

„Ja, Mama, ich hab einen riesengroßen Hunger."

Zusammen gingen sie in die Küche, wo es wunderbar nach frischem Zichorienkaffee und geknuspertem Brot duftete.

„Lasst uns heute einen kleinen Spaziergang nach dem Frühstück machen, ja?", meinte der Wichtelpapa.

„Aber was ist mit dem Schnee? Ist es nicht zu gefährlich?", wunderte sich Pinka.

„Hast du es nicht gesehen? Heute ist ein Sonnentag. Und wir alle brauchen dringend etwas frische Luft. Eine kleine Abkühlung würde unseren beiden kleinen Hitzköpfen nicht schaden."

„Ja, da hast du recht. Aber wo ist eigentlich Flora?", fragte die Wichtelmama.

„Flora! FLORA! Frühstück ist fertig!"

Niemand antwortete.

„Komisch, normalerweise ist sie die Erste am Frühstückstisch. Ich werde in ihre Kammer schauen, vielleicht ist sie wieder eingeschlafen." Die Wichtelmama ging hinüber in die Kammer ihrer Tochter.

Das kleine Wichtelmädchen saß mit rotem Kopf und Tränen in den Augen auf seinem Bett. „Er ist so dumm. Und blöd ist er auch!", schimpfte sie vor sich hin. „Ich mag ihn nicht mehr!"

„Aber, Flora, was ist denn los mit dir?", wunderte sich Pjnka.

„Immer nimmt er mir alles weg! Nie hab ich meine Ruhe! Und alle sind immer soooo gemein!"

„Komm, das ist doch gar nicht wahr. Was war denn los? Warum ist das Buch kaputt?", fragte die Wichtelmama.

„Ich ... ich hab es gestern Abend geholt."

„Von wo geholt?"

„Aus Phios Kammer. Er hat schon geschlafen und mir war langweilig. Da wollte ich ein bisschen lesen", stotterte Flora. „Und heute in der Früh, da kommt er in meine Kammer gestürmt und nimmt es mir einfach weg."

„Ja, aber habt ihr beiden denn nicht miteinander gesprochen?"

„Worüber hätten wir denn *reden* sollen?"

„Na ja, vielleicht darüber, dass du das Buch genommen hast und ihn nicht fragen konntest, weil er schlief? Und er hätte natürlich auch dich heute fragen können, warum du das Buch genommen hast. Ihr solltet miteinander reden und nicht sofort schreien und streiten!"

„Ja, ich weiß, Mama. Es tut mir leid", schniefte Flora. „Und jetzt ist es kaputt, dein schönes Buch ... es ist einfach kaputt."

„Ja, Flora, ich weiß. Aber das werden wir reparieren. Jetzt beruhigst du dich erst mal und kommst mit mir zum Frühstück. Danach machen wir vier einen schönen Schneespaziergang. Das wird uns allen guttun."

Flora hüpfte vom Bett und wischte sich schnell die Tränen aus dem Gesicht. „Oh ja, das klingt gut!"

Da steckte Phio den Kopf zur Tür herein. „Flora, es tut mir leid."

Ein zaghaftes Lächeln erschien auf den Lippen des Wichtelmädchens. „Ähm ... ja ... mir tut es auch leid, Phio. Und, Mama, es tut mir wirklich leid. Schließlich ist es dein Buch."

Die Wichtelmama nahm ihre beiden Kinder in den Arm und zusammen marschierten sie in die Küche, um ein gutes Frühstück zu genießen.

„Fein, dass ihr jetzt alle da seid", sagte der Wichtelpapa. „Ich habe euch schon Brote gestrichen und den Tee mit Tannenwipfelhonig gesüßt. Lasst es euch schmecken, Kinder!"

„Mahlzeit, Mama und Papa!"

„Mahlzeit, Liebling."

Für ein paar Minuten war es ziemlich ruhig in der Wichtelhöhle. Nur die kleinen Füßlein der Wichtelhöhlenzwergmaus, die wie jeden Morgen unter dem Frühstückstisch hin und her lief, um die Brösel der Kinder zu fressen, waren zu hören.

„Wisst ihr, Kinder", begann Pinka, „eigentlich geht es mir gar nicht so sehr um das Buch."

Die Wichtelkinder schauten sie mit großen Augen an und Phio fragte erstaunt: „Nicht?"

„Mir ist es einfach wichtig, dass ihr miteinander redet, anstatt sofort zu streiten", erklärte die Wichtelmama und fuhr fort: „Manchmal geht es leider nicht, ohne sich in die Haare zu kriegen. Aber glaubt mir, ein Streit hat auch etwas Gutes. Man kann sich entschuldigen und wieder versöhnen und danach sieht die Welt gleich besser aus."

Flora und Phio nickten zustimmend mit ihren Köpfen.

„Und jetzt vergessen wir das Ganze, ziehen uns an und wandern durch den Schnee hinüber zur Futterstelle der Rehe."

„Oh ja!", riefen die Kinder begeistert.

„Wunderbar!", freute sich auch Lux, der Wichtelpapa. „Und wenn wir wieder da sind, dann helft ihr beiden mir, das Buch zu reparieren."

„Ja, Papa, das machen wir", versprachen Flora und Phio zugleich.

Nach dem Frühstück standen die vier Wichtel dick eingepackt vor der Höhle. Phio betrachtete staunend die kleine Rauchwolke, die bei jedem Atemzug plötzlich vor seinem Gesicht erschien. Doch Pinka war so voller Vorfreude, ihre Eltern endlich wiedersehen zu können, dass sie sein Unverständnis gar nicht bemerkte.

„Lasst uns als Erstes zu Omama und Opapa gehen und nachsehen, ob es ihnen gut geht", schlug sie vor und stapfte prompt los durch den tiefen Schnee.

„Und wir müssen zu Margarita", warf Flora ein, doch Lux dämpfte ihre Erwartung sofort.

„Du siehst doch, wie hoch der Schnee ist. Ich glaube, wir können froh sein, wenn wir es hinaus aus dem Garten schaffen."

Damit hatte der Wichtelpapa recht. Schon nach wenigen Schritten schnaufte Pinka angestrengt und lockerte ihren Schal. „Na gut, aber morgen möchte ich unbedingt ins Wichteldorf."

So verbrachte die kleine Wichtelfamilie endlich wieder einmal einen Tag draußen in der Natur. Während Pinka und Lux mit ihren Holzschaufeln einen Weg hinüber zum Waldpfad, der ins Wichteldorf führte, gruben, bauten die Kinder eine Schneewichtfamilie im Garten. Sie bemerkten gar nicht, wie die Stunden verflogen, und erst als ihnen die Mägen knurrten, sahen sie, dass die Sonne schon hinter den Baumwipfeln verschwand.

„Was für ein toller Tag!", sagte Flora, als sie wenig später vor einem Teller mit dampfender Suppe saß. „Endlich dürfen wir wieder hinaus."

„Ja, endlich!", stimmte Phio ein und schlürfte zufrieden seinen Löffel leer.

„Ja, die letzten Tage haben uns gezeigt, wie sehr wir unseren Wald, die Tiere und natürlich all die anderen Wichtel vermissen", meinte Pinka.

Am darauffolgenden Tag war es dann so weit. Die vier Wichtel stapften durch den tiefen Schnee ins Wichteldorf. Sie besuchten Omama und Opapa und wurden herzlich begrüßt.

„Schön, dass ihr da seid! Ich bin froh, dass es euch gut geht", sagte Omama und half den Kindern aus den Jacken.

„Kommt herein, es gibt viel zu erzählen."

Und dann berichtete Opapa, dass es allen Wichteln in den letzten Tagen gleich ergangen wäre und dass Herr Direktor Leonard sicherheitshalber die Schule geschlossen hätte. Außerdem war der ganze Marktplatz mitsamt der Feuerstelle unter einer dicken Schneeschicht begraben.

„Aber bis zum Lichterfest werden wir sicherlich alles ausgegraben haben, oder, Mama?", erkundigte sich Flora vorsichtig.

„Natürlich, meine Kleine", beschwichtigte Pinka ihre Tochter, denn sie wusste, dass diese jedes Jahr sehnsüchtig auf den Tag wartete, an dem alle Wichtel gemeinsam um das Feuer saßen und die Geschichte von der Entstehung ihres Wichteldorfes erzählt wurde.

Der Nachmittag bei Omama und Opapa verging wie im Flug und man merkte, dass die Angst vor dem vielen Schnee nachgelassen hatte und das Leben wieder in den Wichtelwald zurückkehrte.

Nach einigen Tagen hatten alle Wichtel wieder in ihren gewohnten Alltag gefunden. Die Schule hatte wieder geöffnet und alle erfreuten sich am herrlichen Schnee.

Spuren im Wichtelwald

An jedem Nachmittag stapfte Pinka gemeinsam mit Phio und Flora zur nahen Futterstelle der Rehe, um sich zu erkundigen, wie es den Tieren im Winter so ging.

„Oh, ich liebe es, wenn die Rehe schon auf uns warten", verkündete Flora entzückt, als sie nach dem Mittagessen zur Waldlichtung kamen.

„Ja, die Tiere des Waldes haben es nicht leicht im Winter. Es ist wichtig, dass sie genügend Futter finden, damit sie Kraft haben, der Kälte zu widerstehen. Flora, schau, die jungen Rehe warten schon da drüben. Heute kannst du sie am Salz schlecken lassen."

„Nein, das will ich machen!", rief Phio und riss seiner Schwester den Salzstein aus der Hand.

„Gib ihn her, Mama hat ihn mir gegeben!", brüllte Flora zurück und versuchte, den Stein wiederzubekommen.

Aber Phio war schneller und gab seiner Schwester einen Schubser, sodass diese rückwärts in den tiefen Schnee plumpste. „Ätsch, jetzt hab ich ihn!", lachte er sie aus.

„Du bist so gemein!", schrie Flora und begann lauthals zu weinen.

„Das gibt's doch nicht", mischte sich Pinka ein, „dass ihr beiden immer etwas zum Streiten findet! Phio, gib ihr den Salzstein wieder. Ich habe Flora darum gebeten, denn du warst gestern dran."

Ungern gehorchte Phio, gab seiner Schwester aber doch den Stein. Zornig stapfte er in Richtung Wurzelhöhle davon und schimpfte lauthals vor sich hin.

„Er ist immer gemein zu mir, gell, Mama?", sagte Flora, als sie den jungen Rehen das Salz hinhielt.

„Na ja, was soll ich dazu sagen? Das war nicht in Ordnung von Phio. Manchmal ist er schon recht anstrengend", seufzte Pinka, während sie ihren Sohn beim Nachhausegehen beobachtete.

Die Rehe verstanden nicht, was da gerade passiert war, und zögerten etwas, als Flora ihnen den Salzstein hinhielt. „Es ist alles gut, nehmt ruhig!", sagte sie versöhnlich.

„Aber was ist denn mit deinem Bruder los, er ist doch sonst so aufgeweckt und lustig?", fragte eines der jungen Rehe.

„Ich weiß es nicht", antwortete Flora und sah Phio stirnrunzelnd nach.

An diesem Tag hatten die beiden nicht nur im Wald eine Auseinandersetzung, sondern auch zu Hause. Vor allem das Teilen war für beide eine große Herausforderung.

Kurz vor dem Nikolaustag der Menschen, es war ein schöner, sonniger Wintertag, hatte Pinka wieder einmal mit ihren Kindern schimpfen müssen. „Ihr seid wirklich unmöglich! Wieso könnt ihr nicht einfach teilen? Ich werde heute alleine zur Futterstelle gehen", machte sich die Wichtelmama wütend Luft.

„Aber, Mama, wir gehen doch jeden Tag mit", entgegnete Flora schnell.

„Ja, das stimmt, Mama, bitte, wir möchten mit", sagte auch Phio.

Doch Pinka blieb hart. „Nein, eure Streitereien sind mir zu viel. Ihr wartet in unserer Höhle, jeder in seiner Kammer. Flora, du machst deine Schulaufgaben und, Phio, du kannst ein Bild malen. Keine Widerrede … es ist jetzt einfach genug!"

An ihrer Stimme konnten Flora und Phio erkennen, dass die Worte ernst gemeint waren und die Mutter nicht mit sich diskutieren ließ. Also stapften die beiden missmutig in ihre Schlafkammern und schlossen die Türen hinter sich.

„Es ist einfach unglaublich!", knurrte Pinka, während sie sich ihren warmen Spitzmauswollmantel überzog und in die Fellstiefel schlüpfte. Murrend öffnete sie die Tür und atmete tief die frische Waldluft ein. „Das wird mir jetzt guttun. Einfach zehn Minuten für mich zu sein."

Pinka stapfte los, die Arme voller Karottenstückchen, während der Schnee unter ihren Stiefeln knirschte. Nach wenigen Minuten hatte sie die Futterkrippe der Rehe erreicht und legte die Leckerei achtsam auf den Boden. Da sah sie unter einer kleinen Tanne eine Mandarine am Boden liegen.

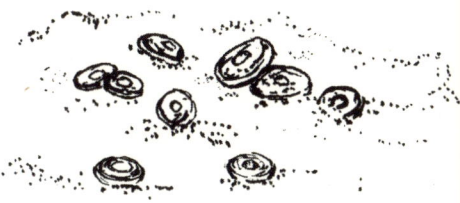

Neugierig ging sie hinüber. Es war tatsächlich eine große, saftige Mandarine. Mitten im Schnee. Mitten im Wichtelwald.

„Nanu, wie kommt denn die hierher?", wunderte sich Pinka.

Bisher hatte die kleine Wichtelfrau nur einmal in ihrem langen Leben eine Mandarine gesehen. Das war viele Jahre her, als ein entfernter Onkel auf der Durchreise im Zauberwald gewesen war. Er fuhr mit einer Kutsche, die mit seltenen Früchten und Leckereien beladen war. Und ebenso wie damals staunte sie auch jetzt. Zu Ehren des Onkels war ein großes Fest gefeiert und als Speise eine saftige Mandarine geschält und unter allen aufgeteilt worden. Pinka erinnerte sich an diesen Tag und musste lächeln.

Und jetzt lag da mitten im Wald einfach so eine Mandarine? Sie sah sich in der Gegend um und erwartete, jemanden zu sehen. Vielleicht den alten Onkel oder einen ihrer Wichtelfreunde, vielleicht einen Kobold oder eine der vielen Waldfeen aus dem Zauberwald. Aber nein, sie entdeckte niemanden.

Doch dort drüben, wenige Meter entfernt, lag eine Nuss. Sie stapfte hinüber und sah sich währenddessen suchend um. Da entdeckte sie eine weitere Mandarine, die mit ihrer kräftigen orangen Farbe richtig im Schnee leuchtete.

„Ohhh, das scheint eine Spur zu sein!", rief Pinka voller Entzücken. „Das wäre was für die Kinder."

Ihr Ärger über die beiden schien verflogen zu sein, denn mit großen Schritten versuchte sie, möglichst schnell nach Hause zur Wurzelhöhle zu gelangen. Sie öffnete mit Schwung die schöne Holztür und rief: „Flora, Phio! Schnell, zieht euch etwas an! Im Wald liegen viele wundersame Dinge." Die Kinder lugten skeptisch aus ihren Kammern hervor. „Kommt schon, ich bin ganz aufgeregt! Zieht euch etwas an! Ich warte draußen", fügte Pinka hinzu und schloss hinter sich die Tür.

„Komm, das sehen wir uns an!", rief Phio voller Begeisterung, zog seine Jacke an und setzte die warme Bommelkappe auf. „Jetzt komm doch!"

„Meinst du, Mama ist noch böse?", fragte Flora ihren kleinen Bruder.

„Nein, sonst würde sie uns nicht extra holen kommen. Los jetzt!" Phio konnte die Aufregung kaum ertragen, schlüpfte schnell in seine warmen Fellstiefelchen und war – schwupps – draußen im Freien.

„Phio, ich glaube, der Nikolaus hat sich wieder auf den Weg zu den Menschenkindern gemacht. Im Wald liegen Nüsse und Mandarinen. Es könnte sein, dass sein Gabensack ein Loch hat. Wo ist denn Flora?"

„Hier bin ich, Mama, ich bin schon da!"

„Kommt, wir gehen", meinte Pinka und stapfte vor ihren Wichtelkindern durch den Schnee hinüber zur Futterstelle.

„Mama, ist das der Nikolaus, von dem uns Opapa schon einmal erzählt hat?", fragte Phio interessiert nach.

„Ja, sicher", zeigte sich Flora wissend und doch spürte man ihre Laune. „Welcher Nikolaus denn sonst? Das ist der, der nicht zu uns kommt."

„Flora, das haben wir doch schon so oft besprochen. Wir hier im Wichtelwald werden reichlich von der Natur beschenkt. Unter uns ist es üblich, dass wir einen liebevollen

Umgang pflegen und miteinander teilen. Wir müssen nicht vom Nikolaus daran erinnert werden", versuchte Pinka, ihre Tochter zu besänftigen.

„Trotzdem wäre es schön, wenn man auch einmal belohnt werden würde!"

Pinka legte ihren Arm um Flora und flüsterte ihr zu: „Dann lass dich überraschen, was da alles im Wald liegt. Vielleicht ist das unsere Belohnung. Denn schaut, unter dieser kleinen Tanne liegt eine Mandarine. Und da drüben eine Nuss."

„Toll!", rief Phio begeistert. „Die ist ja riesengroß!"

„Seht euch ruhig ein bisschen um, vielleicht findet ihr noch die ein oder andere Leckerei."

Das ließen sich die Kinder nicht zweimal sagen und schon begannen sie, den Waldboden abzusuchen.

„Hier! Kommt her! Da liegt ein Lebkuchen!", schrie Flora. Tatsächlich lag mitten im Schnee ein wunderschön verziertes Lebkuchenherz.

„Und hier, eine Erdnuss! Und da, noch eine!" Phio hüpfte vor Entzücken.

„Das scheint eine richtige Spur zu sein", meinte Flora bis über beide Ohren grinsend.

„Mama, meinst du, wir dürfen das alles mitnehmen?", fragte Phio.

Und Pinka antwortete: „Ach, Phio, das ist viel zu viel für uns, aber ich habe einen Vorschlag. Wir drei könnten für die Tiere des Waldes ein herrliches Essen herrichten. Das sollte zu schaffen sein, oder?"

„Ja, aber den Lebkuchen will *ich* haben", unterbrach Phio sie.

„Aber den hab doch ich gefunden!", schimpfte Flora sofort.

„Geht das schon wieder los?", mahnte die Wichtelmama.

„Nein, entschuldige!", sagte Phio sofort. „Wir könnten den Lebkuchen ja aufteilen, oder, Flora?"

„Ja, das machen wir", antwortete diese. „Dürfen wir, Mama?"

„Ja, das wäre sehr nett von euch", stimmte Pinka zufrieden zu.

Dann rollte sie gemeinsam mit den Kindern alle Äpfel hinüber zur Futterstelle der Rehe. Die Nüsse legten sie gesammelt daneben und so hatten alle Tiere ein besonders gutes Abendessen. Von der Schokolade und dem Lebkuchen brachen die Wichtel für sich selbst ein paar Stücke ab und legten sie zur Erdnuss in den großen Korb.

„Vielleicht kann Papa am Abend mit der Rodel eine von den Mandarinen abholen. Das wäre doch eine ganz spezielle Leckerei", schlug Phio vor.

„Mama, wir könnten doch Omama und Opapa einladen und mit ihnen teilen?", schlug Flora vor.

„Das sind sehr gute Ideen, Kinder", meinte Pinka und gemeinsam machten sich die drei auf den Weg durch den Schnee zurück zur großen Fichte.

Bei der Wichtelhöhle angekommen staunten sie nicht schlecht. Vor der Tür stand ein Jutesack, gefüllt mit lauter Nussstücken, kleinen Zehen von Mandarinen, Apfelspalten, Lebkuchenherzen und sogar mit Dattelkeksen, Feigenrollen und Schokolade.

Die Kinder machten große Augen und Pinka meinte: „Ich denke, auch dem Nikolaus hat es gefallen, wie ihr heute die Tiere des Waldes mit all den guten Dingen versorgt habt. Und wenn man schön teilt, dann hat jeder was davon, denn ..."

„Ja, Mama, wir wissen schon: Teilen, teilen, das macht Spaß, wenn man teilt, hat jeder was!"

Es wurde ein wahres Festessen. Nicht nur Omama und Opapa, sondern auch alle anderen Familien aus dem Wichteldorf kamen in den Wald, um sich etwas von den Leckereien abzuholen. Es war genug für alle da, und weil die Wichtel ein geselliges Volk waren, wurde beschlossen, gleich dort mitten im Wald ein Fest zu feiern. Sie entzündeten ein Lagerfeuer, sangen Lieder und genossen es, endlich einmal nach Herzenslust naschen zu können.

„Das war eine tolle Entdeckung, Mama", sagte Phio zufrieden und kuschelte sich an sie.

„Ja, Phio, manchmal wird man vom Leben mit wundersamen Dingen überrascht. Genieße sie! Und teile sie mit deinen Lieben", antwortete die kleine Wichtelfrau und drückte ihrem Sohn ein Küsschen auf die Stirn. Ihr war bewusst, dass das Leben im Wichtelwald nicht immer leicht war, doch für sie war es der allerschönste Platz auf Erden.

Vom Tannenbaum und den Wunschzettelchen

Allmählich kam die Zeit des Lichterfests immer näher. Mama und Flora dekorierten liebevoll die Wurzelhöhle, sie buken fleißig Kekse und bastelten eifrig an kleinen Überraschungsgeschenken. Papa und Phio versorgten in dieser Zeit die Tiere des Waldes. Phio durfte auf dem großen Rindenschlitten sitzen, den Hans, eine befreundete Waldmaus, durch den verschneiten Tannenwald zog.

„Papa, da ist ein schöner Tannenbaum!", rief Phio, als er eine kleine, schiefe Tanne in der Nähe des Waldteiches sah.

„Ja, hüpf schnell herunter vom Schlitten, dann schauen wir sie uns näher an", sagte Lux nicht ahnend, weshalb sein Sohnemann so begeistert von dem jungen Bäumchen war.

Gemeinsam stapften sie hinüber zur kleinen Tanne. „Papa, dieser Baum ist wunderschön", schwärmte Phio. „Sollen wir ihn mitnehmen? Nach Hause? So wie die Menschenkinder? Die schmücken den Baum dann mit Kerzen und süßen Ringen."

„Nicht so schnell, mein kleiner Phio. Du möchtest einen Weihnachtsbaum?", hakte Lux nach.

„Aber ja. Opapa hat doch beim letzten Lichterfest erzählt, dass die Menschen die allerschönsten Bäume aus dem Wald holen und diese in ihren Wohnzimmern aufstellen. Und dann schmücken sie sie und legen Geschenke darunter. Und sie singen und zünden Lichter an. Kannst du dich nicht erinnern, Papa?" Phio war begeistert.

Unter den Wichteln war es üblich, zum Ende des Jahres ein Lichterfest zu feiern. Am Abend des Festes saßen alle um das große Feuer am Marktplatz und es wurden Geschichten erzählt, Kastanienstückerln gegessen und Punsch getrunken. Manchmal gab es auch Kutschfahrten für die Kinder oder lustige Rodelpartien. Und selbstverständlich durfte jeder vor dem Nachhausegehen das Licht einer Laterne am großen Feuer entzünden, das dann den Weg nach Hause leuchtete.

Zu Hause wartete auf jedes Wichtelkind ein kleines Geschenk von den Englein. Doch zuallererst wurde gemeinsam mit der Familie gegessen, es wurden Winterlieder gesungen und dann kam erst der Moment, wenn die Kinder ihr Geschenk auspacken durften. Den restlichen Abend verbrachten die Wichtelfamilien damit, gemeinsam zu spielen und die dunkle, kalte Zeit in ihrem warmen Zuhause zu genießen.

Doch in diesem Jahr würde sich etwas verändern, da war sich Phio sicher. Zum ersten Mal in seinem Leben würde er einen echten Weihnachtsbaum haben. Davon war der kleine Wichtelbub überzeugt.

Doch Lux ließ sich nicht so leicht überreden. „Ja, doch, ich erinnere mich. Aber dieser Baum ... na ja."

„Er ist toll, nicht wahr?", schwärmte Phio weiter.

Sein Vater betrachtete das kleine, schiefe Bäumchen mit seinen kargen Ästen und meinte: „Na ja, Phio, wir könnten doch noch ein paar andere Bäume anschauen, wenn du unbedingt einen Weihnachtsbaum haben möchtest, oder?"

„Nein, wieso denn? Gefällt er dir denn nicht?"

„Es ist schon ein nettes Bäumchen, aber sollen wir nicht noch ein bisschen suchen?"

„Nein, Papa, dieser Baum ist perfekt."

„Gut, aber wir sägen ihn zusammen mit Flora und Mama ab, ja? Die werden erstaunt sein, was du für Ideen hast."

„Ja, gut, ich werde es ihnen gleich erzählen, wenn wir zu Hause sind."

Und so geschah es, dass Phio übermütig von der wunderschönen kleinen Tanne erzählte, die im Wichtelwald nur darauf wartete, endlich ein schöner Weihnachtsbaum sein zu dürfen. „Und, Mama, da werden wir Kerzen drauf montieren. Und solche süßen Ringe, von denen Opapa erzählt hat. Weißt du noch?"

Natürlich wusste Pinka das noch, doch sie war skeptisch, eine Tradition der Menschen zu übernehmen. Außerdem wusste sie nicht, woher sie solche süßen weißen Ringe bekommen sollte. Phios Freude allerdings steckte die ganze Wichtelfamilie an und so kam es, dass die vier am nächsten Tag zusammen in den tief verschneiten Tannenwald stapften, um das kleine, schiefe Bäumchen abzusägen.

Mithilfe der großen Rindenrodel und der Waldmaus Hans zogen sie ihren besonderen Baum nach Hause. Dort wurde er zunächst im Garten aufgestellt, weil er noch einige Tage warten musste, bevor er in der warmen Wurzelhöhle geschmückt werden würde.

„Schau, Flora, ich kann den Tannenbaum von meiner Kammer aus im Garten sehen", rief Phio begeistert, als er sich an diesem Abend in sein Bett kuschelte. „Komm, schau!"

Doch Flora rief nur: „Ich kann gerade nicht, Phio. Ich mache noch etwas."

„Aber was denn?", fragte ihr Bruder und steckte neugierig sein Näschen in Floras Kammer. „Was malst du denn da?"

Ganz geheimnisvoll antwortete Flora: „Ich mache gerade meinen Wunschzettel für die Englein."

„Was?", fragte Phio erstaunt.

„Ja, den Wunschzettel halt. Das, was ich mir von den Englein wünsche, male ich auf. Dann stecke ich das Ganze in einen Umschlag und verziere ihn schön. Danach lege ich ihn vor die Tür und stelle eine Kerze dazu, damit die Englein gleich sehen, dass da ein Wunschzettel abzuholen ist."

„Kann ich das auch machen? Flora, bitte!"

„Natürlich", meinte diese großherzig. „Fang doch gleich damit an, dann legen wir beide unsere Wunschzettel hinaus."

Gesagt, getan.

Phio flitzte hinüber in seine Kammer, nahm sich ein leeres Blatt Pergament und begann zu überlegen. „Hmmm, ich wünsche mir ... ich wünsche mir ...", dachte er laut und begann zu malen. Er zeichnete seine Holzeisenbahn, die er zu seinem letzten Geburtstag bekommen hatte, und an die Lokomotive hängte er einen großen roten Waggon.

Mit seinem Bild huschte er wieder hinüber in Floras Kammer. „Schau", sagte er, „das wünsche ich mir!"

„Das hast du schön gemacht, Phio. Wirklich! Schau, das wünsche ich mir."

„Das hast du aber auch sehr schön gemacht, Flora", meinte Phio anerkennend, als er ihr Bild mit der Wichtelpuppe im weißen Blumenkleid bewunderte.

Beide falteten ihre Werke und verzierten sie mit Glitzersternen. Flora schrieb in großen Buchstaben vorne drauf:

„Mama, wir sind fertig!", rief Flora und gemeinsam liefen die beiden Wichtelkinder in die Wohnstube.

„Sehr gut. Phio, hol doch bitte eine Bienenwachskerze und, Flora, du kannst die Zündhölzer bringen. Dann legen wir das Brieflein hinaus vor die Tür", meinte Pinka.

„Ja, und die Englein kommen dann zum Licht und wissen, dass da ein Wunschzettelchen zu holen ist", erklärte Phio mit leuchtenden Augen.

„Genau so ist das", bestätigte Pinka lächelnd.

Als die Kerze angezündet war und das Brieflein seinen Platz bekommen hatte, hieß es für die Wichtelkinder: „Ab ins Bett!"

Und in dieser Nacht träumten die beiden von den Englein, die zur Erde kamen und all die Brieflein der Wichtelkinder einsammelten.

Die Post ist da

Natürlich waren am folgenden Tag die Brieflein verschwunden und die Kerze gelöscht.

„Juchu, die Englein haben unsere Wünsche abgeholt!", trällerte Flora fröhlich, während sie sich für die Schule herrichtete. Sie wollte gerade in ihre Fellstiefel schlüpfen, als sie ein helles Glöckchen hörte. Das Wichtelmädchen hielt inne und lauschte. Doch ein zweites Mal klingelte es nicht.

„Ist mein Brief auch weg?", rief Phio und sauste aus seiner Kammer in Richtung Haustür.

„Ja klar", sagte Flora und nahm ihre Tasche. „Ich bin dann mal weg."

„Aber, Flora, warte doch, ich bin auch schon fertig", sprudelte es aus dem kleinen Wichtelbuben heraus. Schnell schlüpfte er in seine Jacke, nahm Mütze und Schal und schwang sich die Tasche über die Schulter. „Bereit!"

„Ich wünsche euch einen schönen Vormittag, ihr beiden", sagte Pinka und küsste ihre Kinder auf die Stirn.

„Danke, Mama", antwortete Flora, öffnete die Tür und ging hinaus in den Garten.

Phio folgte ihr, schrie: „Oh, du meine Güte!", und sprang mit einem Satz zurück in die warme Wurzelhöhle.

„Was ist denn mit dir?", wollte seine Schwester wissen und brach in herzhaftes Lachen aus.

„Mein Phiolein, da warst du wohl ein bisschen zu schnell, Schuhe sind wichtig, vor allem im Winter. In den Hauspatschen durch den Wald zu gehen, ist keine so gute Idee", lächelte Pinka den Wichtelbuben an.

Phio wusste nicht, ob er auch lachen oder lieber seinem aufkeimenden Ärger Luft machen sollte. Doch noch während er überlegte, ertönte ein helles Glöckchen.

„Habt ihr das gehört?", fragte Flora und spitzte ihre Ohren.

„Nein, was denn?", interessierte sich Pinka und lauschte in die Stille des Waldes hinein.

„Na, dieses helle Bimmeln! Das war vorher schon einmal zu hören."

Pinka überlegte. „Lass mich kurz nachsehen", sagte sie und ging hinaus in den Garten. „Oh, da hat man aber sehr schnell kalte Füße, oder? Seid mal ganz leise, vielleicht hören wir das Glöckchen noch einmal."

Angestrengt lauschten die drei kleinen Wichtel, doch außer dem Gezwitscher einer Meise, die sich über die Sonnenblumensamen in Pinkas Garten freute, war nichts zu hören.

„Dann haben wir uns wohl getäuscht. Nun ab mit euch in die Schule! Phio, jetzt zieh dir endlich die Schuhe an", verlangte Pinka.

„Nein, Mama", entgegnete Flora. „Ich habe mich nicht getäuscht. Was könnte das nur sein?"

Mit einem strahlenden Gesicht erinnerte sich Pinka plötzlich an das vergangene Jahr, als der Postwicht Eugen ihr zur Winterzeit einen großen Berg Briefe gebracht hatte. Das war etwas ganz Besonderes gewesen, denn im Wichtelwald kam die Post nur ungefähr zwei- oder dreimal im Jahr. Rund um das Lichterfest war es Tradition, dass sich die Wichtelfamilien gegenseitig eine Freude machten und sich bunt bemalte Kärtchen mit lieben Worten schickten.

So sprach sie nun zu ihrer Tochter: „Flora, erinnerst du dich nicht an das letzte Jahr? Eugen hat uns Briefe gebracht."

„Wer hat uns Briefe gebracht?", fragte Flora neugierig nach.

„Eugen, der Postwicht. Er bringt uns doch jedes Jahr zum Lichterfest Post. Weißt du das nicht mehr?"

Flora dachte angestrengt nach.

„Ich weiß es, Mama. Im Sommer kommt er auch manchmal. Mit Hilda, der großen Postschnecke", erklärte Phio stolz seiner erstaunten Schwester.

„Ja, an Hilda kann ich mich auch erinnern. Aber dass der Wicht Eugen heißt, das habe ich nicht gewusst", entgegnete Flora und verzog das Gesicht. „Ach, jetzt fällt es mir wieder ein. Letztes Mal war ich gerade krank, aber Margarita hat mir eine Karte geschickt. Und ich wollte doch auch einmal eine Karte versenden. Und jetzt kommt er schon und ich habe keine."

Zaghaft rann eine Träne über Floras Wange. Sie glitzerte in der Morgensonne und tropfte mit einem leisen *Plopp* in den Schnee. „Mama, jetzt kann ich keine Post verschicken!"

Pinka nahm ihr Töchterchen in den Arm. „Ich habe eine Idee. Heute Nachmittag basteln wir Karten und verschicken sie dann. Ich bin mir sicher, Eugen wird uns sagen können, wo er morgen unterwegs sein wird. Wie klingt das?" Die Wichtelmama hoffte, durch diesen Vorschlag die Situation gerettet zu haben.

„Das klingt sehr gut! Aber wo ist er denn nur? Ich höre kein Glöckchen mehr und sehen kann ich ihn auch nicht." Suchend blickte Flora sich um.

„Oft dauert es den ganzen Vormittag, bis er endlich bei uns ist. Immerhin gibt es viele Wichtelfamilien hier im Wald, das weißt du doch, oder? Und bis er alle besucht hat, kann das schon eine Zeit lang dauern", erklärte Pinka.

„Aber das Glöckchen?", hakte Flora nach.

„Das klingt so hell, dass der Wind den Klang durch den ganzen Wichtelwald tragen kann. So, nun ab mit euch zur Schule! Phios Jacke ist schon ganz nass."

Phio, der in der Zwischenzeit einen riesengroßen Schneeball geformt hatte, warf diesen über den Gartenzaun und freute sich über den guten Schuss. „Bis zur Tanne, Mama!", rief er vergnügt und sauste los.

Flora war sich nicht sicher, ob sie heute zur Schule wollte, denn eigentlich wollte sie die Post abwarten. Aber es half nichts, sie musste dorthin. Und so schlenderten die beiden Geschwister den Waldpfad entlang in Richtung Wichteldorf. Das Glöckchen war nicht mehr zu hören und so vergaßen die beiden schnell die Aufregungen des Morgens.

Pinka allerdings vergaß sie nicht und bemühte sich am Vormittag, für die beiden Kinder die Bastelsachen vorzubereiten. Auch sie hörte das Glöckchen nicht mehr und war erleichtert, dass sie noch etwas Zeit für ihre Karten haben würden.

Als Lux zur Mittagszeit aus dem Wald zur Wurzelhöhle zurückkam, dampfte das Essen schon in den Töpfen.

„Wie war es heute im Wald? Hast du Eugen getroffen?", fragte Pinka, als sich Lux am Kamin aufwärmte.

„Eugen? Ach, Eugen! Nein, hätte ich ihn treffen sollen?", fragte Lux erstaunt.

„Nein, aber es hätte sein können, denn in der Früh haben wir sein Glöckchen gehört. Flora hörte es sogar zweimal, aber er ist nicht gekommen. Ich habe mir gedacht, dass er vielleicht noch im Wald unterwegs ist." Enttäuscht rührte Pinka im Topf.

„Kann es sein, dass du ungeduldig bist?", neckte Lux seine Frau und umarmte sie.

„Nein", meinte diese wenig überzeugend, „aber ich habe heute Vormittag selbst einige Karten vorbereitet und freue mich schon, sie ihm mitgeben zu können."

„Ach ja? Wem hast du geschrieben?"

„Natürlich Viola und Nexa. Aber auch der Elfenapotheke und an alle Lehrer und Kinder in der Schule. Und Sonia und Berta ... ach ja, auch an Dr. Waldbart und die Waldratsvorsitzende." Pinka drehte sich um und nahm den Kartenstapel vom Fenstersims. Sie blätterte ihn durch. „Hier habe ich noch eine ganz besondere für Michael und ..."

Aber sie konnte den Satz nicht zu Ende sprechen, denn Lux ergänzte ihn für sie: „... und für das restliche Wichteldorf?"

Beide mussten lachen. Ja, Pinka liebte es, selbst Post zu bekommen, und dachte insgeheim, je mehr Briefe sie schickte, umso mehr würde sie auch bekommen.

„Die allerschönste Karte habe ich für Omama und Opapa gemacht. Mit einem Gedicht. Wie sieht es denn mit dir aus, Lux? Ich habe hier eine leere Karte für dich, du könntest sie deinem Vater schicken."

Lux erstarrte. „Meinem Vater? Wie kommst du denn auf ihn?", fragte er.

„Ich habe mir gedacht, dass es eine schöne Geste wäre. Wir können so selten Post verschicken und es wäre doch schön ..."

„Ich überlege es mir. Wo sind denn die Kinder heute?", versuchte Lux gekonnt, das Thema zu wechseln.

„Ach, das ist mir gar nicht aufgefallen. Die Sonne steht schon hoch und die beiden sind noch gar nicht da. Ich hoffe, es ist alles in Ordnung", sorgte sich Pinka sogleich, ging zur Tür und spähte in Richtung Waldpfad.

„Natürlich ist alles in Ordnung, aber mir knurrt der Magen und normalerweise haben es die zwei ziemlich eilig, nach Hause zum Essen zu kommen."

„Einen Moment wirst du wohl noch warten können, oder?",

fragte Pinka und pfiff auf den Fingern. Der schrille Ton schmerzte in den Ohren, aber die Wichtelkinder wussten, wenn sie diesen Pfiff hörten, dann war es allerhöchste Zeit, nach Hause zu gehen.

Doch es kam keine Antwort. Nur ein paar Vögel flogen davon, dann war es wieder still im Wichtelwald.

„Sie werden bestimmt gleich kommen", beruhigte Lux seine Frau und ließ sich am Tisch nieder. „Setz dich zu mir! Nur weil du an der Tür stehst, werden sie nicht schneller sein. Du kannst auch von hier aus dem Fenster sehen."

Pinka wurde unruhig. Lux hatte recht, die Kinder verspäteten sich nie. Vor allem Phio hatte es immer sehr, sehr eilig, nach Hause zu kommen. Doch heute, was war bloß los?

Nach wenigen Minuten hielt es Pinka nicht mehr aus, sie zog ihre Jacke über und schlüpfte in die Schuhe. „Ich gehe ihnen jetzt entgegen. Es liegt noch immer so viel Schnee, da habe ich ein ungutes Gefühl. Und frische Luft wird mir nach der ganzen Bastelei sowieso guttun."

Lux wusste, dass er seiner Frau diesen Wunsch ohnehin nicht ausreden konnte, also zog er sich ebenfalls an und begleitete sie.

Die Sonne schien und es war ein wundervoller Wintertag. Die beiden wanderten den Waldpfad entlang, der Schnee knirschte unter ihren Füßen, doch von den Kindern war nichts zu sehen.

„Lux, das kommt mir komisch vor. Es ist schon

Nachmittag und es ist niemand weit und breit zu sehen", sagte Pinka, als sie im Wichteldorf ankamen.

Der Marktplatz war leer. Auch dort, wo zur Mittagszeit normalerweise die Kinder den Hügel hinunterrutschten, war niemand. Zügig bogen die Eltern beim Bau der Feldhasen ab und sahen schon aus einiger Entfernung, dass auf dem Schulhof etwas geschehen sein musste.

„Lux, da ist etwas passiert. Schau, so viele Wichtel. Los, komm!", platzte es aus Pinka heraus und schon sauste sie, so schnell sie konnte, in Richtung Schule.

Auch Lux überfiel ein eigenartiges Gefühl. Der ganze Schulhof war voller Wichtel. Alle standen im Kreis, ihren Blick auf eine Sache gerichtet.

Pinka sah Lux besorgt an. „Was ist denn da los?"

Die beiden konnten nicht erkennen, was geschehen war, und gingen eilig näher. Da löste sich Flora aus der Menge und quetschte sich an den anderen vorbei, um auf ihre Eltern zuzustürmen.

„Mama, Papa! Huhu, Mama, hier bin ich!", rief sie und rannte ihren Eltern entgegen.

„Flora! Oh, bin ich froh, dich zu sehen! Was ist denn passiert?", erwiderte Pinka erleichtert und drückte ihr Mädchen an sich. „Wo ist Phio? Geht es ihm gut?"

„Ja, ja, Mama, es ist alles in Ordnung. Aber weißt du ..."

„Was weiß ich?" Pinka war zu aufgeregt, um Flora ausreden zu lassen, und Lux legte beruhigend seinen Arm um sie.

„Pinka, es ist alles in Ordnung", sagte er, doch auch er blickte sich suchend nach Phio um.

„Was ist denn los mit euch?", fragte Flora erstaunt, denn so kannte sie ihre Eltern nicht.

„Ach, nichts. Also erzähl schon, warum sind hier so viele Wichtel? Und wo ist Phio?", forderte die Wichtelmama ihr Töchterchen noch einmal auf, endlich zu berichten, was hier los war.

„Ach, da bist du ja", entfuhr es Lux erleichtert, als Phio sich aus der Wichtelmenge löste. „Könnte uns endlich mal jemand aufklären, was hier los ist?"

„Ja, schau doch selbst!", grinste Phio übers ganze Gesicht und hielt seinen Eltern einen Zettel entgegen.

Pinka nahm ihn an sich und las.

Für die Kinder der Schule im Wichtelwald im hintersten Winkel des Waldes unter den hohen Fichten von Bruno.

„Oh, wer ist denn das?", fragte sie verdutzt.

„Dreh doch einfach den Zettel um, Mama", schlug Flora vor und hüpfte aufgeregt von einem Bein aufs andere. Pinka drehte den Brief gehorsam um und las weiter.

Es ist schon viele Jahre her, seit ich das letzte Mal im Wichtelwald unterwegs gewesen bin, doch jeden Tag denke ich an mein geliebtes Wichtelvolk unter den Fichten. Die Zeit vergeht und ich werde immer älter. Meine Finger sind nicht mehr so gelenkig wie früher und auch meine Beine tragen mich nicht mehr so weit. Deshalb ist es an der Zeit, dass ich in den Wichtelwald zurückkomme.
Schon in diesem Jahr möchte ich mit euch zusammen das große Lichterfest feiern. Ich werde mich rechtzeitig auf den Weg machen und hoffe, dass mein altes Zuhause noch nicht ganz verfallen ist. Damit alle von meinem Umzug erfahren, bekommt jedes Schulkind diesen Brief mit der Bitte, die Nachricht den anderen Wichteln zu überbringen.
Ich freue mich schon sehr auf jeden Einzelnen von euch und natürlich werde ich jedem der fleißigen Schulkinder etwas ganz Besonderes vom Zauberberg mitbringen.
Ich sende euch allen die allerbesten Grüße!
Euer Bruno

Lux erschrak, doch er versuchte sich nichts anmerken zu lassen.

Pinkas Herz begann zu hüpfen. „Wie wunderbar!"

Ihr Mann dachte nach, doch er wusste nicht recht, wie er reagieren sollte. „Tut mir leid, Pinka, ich kann mich nicht so wirklich freuen", sagte er schließlich und hob Phio auf seine Schultern.

„Ach komm, lass doch die alten Geschichten ruhen!", versuchte sie, seine Laune zu bessern.

„Du weißt, ich denke nicht gerne daran zurück", sagte der Wichtelpapa und machte dabei ein Gesicht, als hätte er in eine Zitrone gebissen.

Doch Flora war aufmerksam geworden. „Mama, das ist

doch nicht etwa der Bruno, von dem Papa jedes Jahr beim Lichterfest erzählt?"

„Nicht ganz, Flora", antwortete Pinka. „Es ist zwar nicht der Bruno, doch es ist sein Urururenkel."

„Wer ist der Enkel?", fragte nun auch Phio neugierig, doch Pinka war zu aufgeregt, um alles noch einmal zu erklären.

„Ist jetzt egal, Hauptsache, Bruno kommt. Das bedeutet, wir sollten den alten TonTopf herrichten, damit er einen Ort zum Wohnen hat."

Direktor Leonard, der sich in der Zwischenzeit zu Lux und Pinka gestellt hatte, mischte sich nun ins Gespräch ein. „Genau, liebe Pinka. Wir werden den TonTopf herrichten." Er lächelte sie mit einem Augenzwinkern an und reichte Lux seine Hand zum Gruß. „Welch eine Aufregung! Eugen und Hilda haben heute die Post gebracht ...", begann der Direktor zu erzählen.

„Was, Hilda?", fragte Lux erstaunt. „Wie kann sie im Winter die Post verteilen? Sie ist eine Schnecke. Sie sollte sich in der Winterstarre befinden."

„Ja, genau, das sollte sie. Aber sie tut es nicht. Sieh doch!", entgegnete Direktor Leonard, bevor er laut rief: „Kinder, hört! Es ist Zeit, nach Hause zu gehen. Nehmt eure Taschen und natürlich die Briefe und ab mit euch nach Hause! Eure Eltern werden sich bestimmt schon sorgen."

Normalerweise musste das der Direktor nicht zweimal sagen, doch heute konnten sich die Kinder nicht voneinander lösen. Zu aufgeregt waren sie. Aber nach einigen Minuten schlenderten die ersten in Richtung Marktplatz davon. Auch die neugierigen Schaulustigen verabschiedeten sich und so wurde die Sicht auf den Schulhof langsam frei. Dort stand Hilda. Die große Posttasche, die über dem Schneckenhaus hing, war übersät von kleinen Eiszapfen, die in der Sonne glitzerten.

Hilda begrüßte Lux und Pinka. „Einen schönen Wintergruß, ihr Lieben! Seht, ich bin heute unterwegs und verteile Winterpost! Schon so lange habe ich mir das gewünscht."

Lux starrte die Postschnecke mit großen Augen an. Er konnte es einfach nicht glauben. Wie war das nur möglich?

„Lux, ich werde dir erzählen, wie das funktioniert", meinte Hilda, weil sie sein verdutztes Gesicht bemerkt hatte, während Pinka ihr liebevoll über den Hals streichelte.

„Ja, das musst du unbedingt", antwortete der Wichtelmann immer noch fassungslos. Er konnte nicht verstehen, wie es möglich war, dass eine Schnecke im Winter bei Schnee und Eis durch den Wald kroch. Es war doch seine Aufgabe, sich um die Tiere des Waldes zu kümmern, und nun geschah das. Er verstand die Welt nicht mehr.

Phio und Flora hatten genug von den Gesprächen ihrer Eltern und liefen mit den anderen Kindern zum Marktplatz.

„Wir rutschen noch ein bisschen am Hügel, bis ihr kommt, ja?", rief Phio und warf Pinka die Schultasche vor die Füße.

„Nicht so schnell, kleiner Mann", mahnte sie ihn und bedachte ihn mit einem strengen Blick. Schnell sauste er zu seiner Mama, hob die Tasche auf und weg war er.

„Ausprobieren muss er es. Er ist halt ein Bub", versuchte Lux, sein Söhnchen zu verteidigen.

Aber Pinka war viel zu aufgeregt, um noch etwas zu Phios Frechheit zu sagen. „Also, Herr Direktor, erzähl bitte! Was ist der Plan?", begann sie das Gespräch von Neuem.

Und Direktor Leonard erzählte von den Plänen, die er im Laufe des Vormittags mit der Waldratsvorsitzenden, die auch Hilda hieß, geschmiedet hatte. „Ach, dass die Postschnecke den gleichen Namen trägt wie unsere Vorsitzende, macht das Ganze nicht einfacher", jammerte der Direktor und streichelte sich über den Bart.

„Gut", meinte Lux, „ihr wollt also gemeinsam den alten Ton-Topf herrichten?"

„Ja, genau. Die ersten Wichtel sind schon dort und haben angefangen, das Innere zu säubern. Allzu viel Arbeit sollte es nicht werden, denn die Höhle war immer von Tieren bewohnt. Wir müssen sie nur putzen und einrichten", erklärte der Direktor weiter.

„Ach, nur putzen und einrichten? Und wohin sollen dann die Tiere? Soweit ich weiß, lebt eine Mausfamilie im hinteren Teil der Höhle. Weiter vorne haben sich einige Käfer und Würmer vergraben. Wie stellst du dir das vor? Wir können nicht einfach die Tiere aus der Winterruhe wecken." Lux war verärgert und Pinka spürte seine Unruhe.

„Es ist schon eine gute Lösung für die Tiere gefunden. Wir haben die Mausfamilie gefragt, ob es ihnen recht wäre, über den Winter die Höhle zu teilen. Sie haben ihre Zustimmung gegeben. Bruno war früher immer sehr tierlieb, und da es auch für die Mäuse passt, sparen wir uns viel Arbeit. Immerhin müssten wir sonst schnell eine Art Kamin bauen. So kann Bruno die Wärme der Mäuse genießen."

Lux ließ dennoch nicht locker. „Und du meinst, es ist in Ordnung, wenn ein Wicht bei den Tieren lebt?"

„Ich bitte dich, Lux, was ist denn los? Alle sind aufgeregt und freuen sich, nur du scheinst nicht begeistert zu sein", entgegnete der Direktor.

Pinka stieß ihren Mann in die Seite. „Komm, was ist denn mit dir? Das wird ein Abenteuer für alle."

Ungern schloss sich Lux den anderen an. Doch ein ausgiebiges Mittagessen änderte seine Meinung und so stapfte er gemeinsam mit den Kindern und Pinka tief in den Wald hinein zum alten TonTopf. Schon von Weitem konnte man fröhliches Lachen hören, es wurde gehämmert und gesägt. Flora und Phio liefen aufgeregt voraus und so nutzte Pinka die Gelegenheit, noch einmal nachzufragen, was Lux denn so verärgert habe.

„Nichts, Pinka", versuchte dieser sich aus der Sache herauszureden. „Ich möchte einfach meine Tiere beschützen."

„Bist du dir sicher? Ist wirklich alles in Ordnung?"

„Ja, sicher, meine Liebe. Komm, lass uns den anderen helfen", sagte der Wichtelmann und lächelte.

„Gut", nahm Pinka seine Bemühung zur Kenntnis, „dann lass uns gemeinsam dem alten TonTopf ein neues Gesicht verpassen!"

Es wurde ein toller Nachmittag. Alle Wichtel aus dem Wichtelwald waren gekommen, um mitzuhelfen. Auch viele Tiere gaben ihr Bestes, um den alten TonTopf wieder bewohnbar zu machen. Während Phio und Lux Hand in Hand an einer großen Holztür arbeiteten, waren Flora und Pinka mit einigen anderen Wichtelfrauen zurück ins Dorf marschiert, um aus Stoffresten Polsterbezüge, eine Bettdecke und Handtücher zu nähen. Und wie es bei den Wichteln üblich war, wurde während der Arbeit natürlich mit kräftigen Stimmen gesungen.

„Sollen wir den Topf ausgraben?", fragte Lux die Waldratsvorsitzende Hilda, als in der Höhle so weit alles fertig war.

„Nein, ich denke, wir lassen die dicke Schneedecke liegen, denn sie wird vor Kälte schützen. Im Frühjahr allerdings sollten wir uns um das Dach kümmern", bestimmte sie und kehrte mit dem Strohbesen die letzten Spuren des Tages aus der Höhle.

Es war bereits dunkel geworden und die ersten Helfer hatten sich auf den Heimweg gemacht. Im Kerzenschein erfolgten die letzten Aufräumarbeiten.

„Ich bin immer wieder fasziniert, was wir gemeinsam alles schaffen können", sagte Hilda und lächelte Lux zu. „Würdest du mit mir noch einmal zu den Mäusen gehen? Sie haben sich den ganzen Nachmittag bemüht, ihre Höhle zu säubern und einen Platz für Bruno einzurichten."

„Sicherlich. Sehr gerne sogar. Bis jetzt hatte ich gar keine Zeit dafür", erwiderte Lux und verstaute sein Werkzeug im Koffer.

„Ich gehe mit", rief Flora, die eigentlich schon mit Pinka und Phio nach Hause hatte gehen wollen.

„Ja, dann schnell, meine Kleine!", freute sich Lux über ihr Interesse. „Pinka, wir kommen nach."

Kurze Zeit später saßen die drei Wichtel in der Höhle der Mäuse. Dort war es sehr gemütlich. Eintreten konnte man jetzt nicht mehr einfach so, denn es gab nun eine Holztür, die nicht nur ungebetene Gäste abhalten, sondern in erster Linie die Wärme in der Behausung halten sollte. Einen Teil der großen Höhle hatten die Wichtel mit einer dünnen Holzwand abgetrennt. In dem neu entstandenen Raum waren ein Bett, ein Kasten und ein Tisch mit einem Stuhl. Bunte Polster zierten die neuen Möbel und ein nettes Bild hing an der Wand.

„Das ist das gleiche Bild wie bei uns zu Hause, Papa", fiel Flora sofort die Ähnlichkeit auf.

„Ja, Flora, das ist es. Solche Bilder haben die meisten von uns. Meine Lieben", richtete der Wichtelmann schließlich das Wort an die Mäuse, „vielen Dank! Ich möchte euch von Herzen danken, dass ihr es Bruno möglich macht, wieder in den alten TonTopf zu ziehen. Es ist wirklich sehr nett von euch, euer Zuhause mit ihm zu teilen."

„Gerne, Lux, das machen wir wirklich sehr gerne. So wie ihr Wichtel uns immer helft, wenn wir euch brauchen, so helfen wir natürlich auch euch", verkündete die älteste der Mäuse.

„Außerdem kann ich mich noch gut an Bruno erinnern. Es ist zwar viele Jahre her, doch Bruno vergisst man nicht."

„Wirklich? Was ist denn so besonders an ihm?", fragte Flora neugierig.

„Er spielt wundervoll auf der Laute und kann singen und trommeln. Er hat die Gabe, ein jedes Fest zu etwas Besonderem zu machen, und schon immer war es seine Aufgabe ...", erzählte die alte Maus, doch weiter kam sie nicht, denn Lux unterbrach sie unsanft.

„Unsere Feste sind auch ohne Bruno etwas Besonderes!" Dem Wichtelpapa war das Gespräch unangenehm und er versuchte, das Thema zu wechseln.

„Es ist spät, meine Lieben. Können wir noch etwas für euch tun?"

„Nein, lieber Lux. Vielen Dank, es ist alles bestens. Auch dir, liebe Hilda, vielen Dank. Ich habe mir heute früh nicht vorstellen können, dass wir das alles innerhalb so weniger Stunden schaffen könnten."

Hilda fühlte sich gelobt und sagte: „Da siehst du, was alles klappen kann, wenn man nur zusammenhält."

Die Wichtel verabschiedeten sich und stapften durch den Wald nach Hause.

„Papa, das war heute sehr aufregend", sagte Flora und ergriff Lux' Hand. „Ich bin schon sehr neugierig, was Bruno uns allen mitbringen wird."

Lux ignorierte diese Aussage und ging nachdenklich neben seinem Töchterchen her. Plötzlich fiel ihm etwas ein: „Ich habe noch nicht mit Hilda gesprochen! Ich muss doch wissen, wie sie das gemacht hat."

Flora blieb verdutzt stehen. „Aber wir haben uns doch gerade von ihr verabschiedet. Was möchtest du denn noch wissen?"

„Nein, nicht diese Hilda. Ich meine die Postschnecke. Sie wollte mir erzählen, wie sie es geschafft hat, im Winter Post auszuliefern."

Flora grinste. Sie freute sich insgeheim über die Freude ihres Papas. Noch nie hatte sie ihn so aufgeregt erlebt. „Papa, Hilda wird bestimmt morgen auch noch da sein."

Lux schmunzelte über sich selbst. „Floralein, du hast recht, ich werde mich bis morgen gedulden."

Doch so leicht fiel ihm das nicht. Lange konnte Lux an diesem Abend nicht einschlafen. Er dachte angestrengt nach, wie es möglich war, dass eine Schnecke im Winter über den Schnee kriechen konnte, doch er fand die Lösung nicht.

Bruno vom Zauberberg

Als die Sonne am nächsten Tag über die Wipfel der großen Fichten kletterte, eilte Lux gemeinsam mit Phio ins Wichteldorf. Er hatte die halbe Nacht wach gelegen und über die Postschnecke nachgedacht. Nun war er froh, dass es endlich Morgen war und er mit Hilda sprechen konnte.

„Nicht so schnell, Papa", rief Phio seinem Vater hinterher. „Ich kann nicht so schnell gehen."

„Entschuldige, mein Kleiner, ich bin heute etwas aufgeregt", erwiderte Lux und gab seinem Söhnchen die Hand.

Doch dieser zog die seine weg und schimpfte: „Ich bin nicht klein!"

„Phio, entschuldige! Ich bin heute einfach so aufgeregt. Ich weiß, du bist mein großer, starker Wichtelbub. Deshalb kommst du ja auch mit mir, damit du gleich lernen kannst, was uns Hilda erklären wird. Immerhin wirst du irgendwann meine Arbeit mit den Waldtieren übernehmen."

Versöhnt nahm Phio nun doch die Hand seines Vaters und so marschierten sie flott in Richtung Marktplatz.

„Papa, da ist niemand", bemerkte Phio.

„Ja, das sehe ich. Vielleicht sollten wir zur Schule gehen und dort nachsehen", antwortete Lux.

„Gute Idee, Papa. Gestern waren ja auch alle dort."

Zügig gingen die beiden in Richtung Schule. Doch auch dort war niemand zu entdecken. Es war Sonnabend, die Schule hatte geschlossen und lag verlassen unter den schneebedeckten Bäumen.

„Wo sind denn alle? Irgendwie kommt es mir vor, als ob wir zurzeit gar nichts mitbekämen", ärgerte sich Lux.

„Wir könnten beim TonTopf nachsehen, Papa", fiel Phio ein.

„Wir könnten es probieren, aber ich glaube nicht, dass dort jemand ist. Gestern, als wir uns von Hilda verabschiedet haben, hätte sie es bestimmt gesagt, wenn wir heute weiterarbeiten würden."

„Komm, Papa, versuchen wir es!"

Und so nahmen die beiden Wichtel die Abkürzung über den Bach und quer durch den verschneiten Wald zum TonTopf. Schon aus der Ferne hörten sie Stimmen.

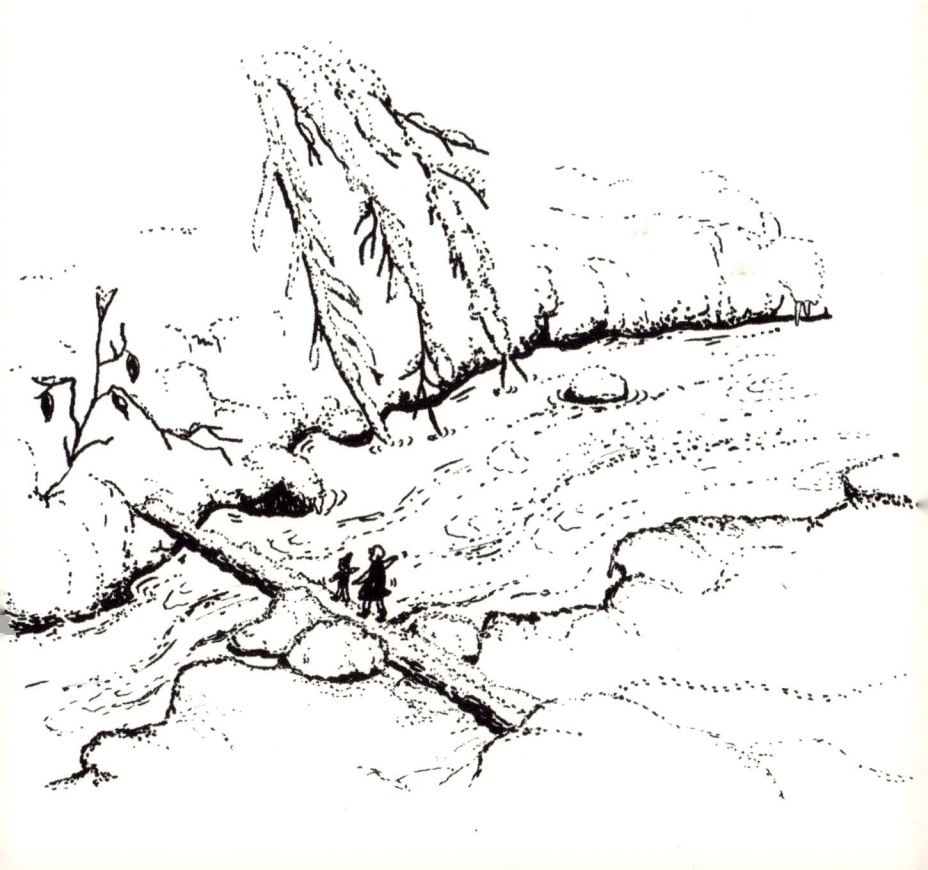

„Papa, ich hatte recht. Ich bin halt doch schon groß", sagte Phio stolz und schielte hinauf zu Lux.

„Ja, du hattest recht. Ich bin gespannt, was da los ist."

Wenige Minuten später konnten sie sehen, was los war. Viele Wichtel hatten sich vor dem TonTopf versammelt. Einige Tiere des Waldes waren gekommen und in deren Mitte stand die Postschnecke Hilda.

„Komm, Phio, Hilda ist da!", freute sich Lux.

Die Postschnecke stand, umrundet von interessierten Waldtieren, auf dem neu errichteten Vorplatz des TonTopfs. Lux hörte, wie sie den anderen von einer Reise erzählte, und unterbrach das Gespräch recht unsanft.

„Hallo, ihr Lieben, darf ich mich zu euch gesellen?"

„Natürlich, lieber Lux. Ich erzähle gerade, wie ich letzten Sommer zum Zauberberg gereist bin, zu Bruno", sagte die Postschnecke.

Lux verzog das Gesicht. Bruno! Immer drehte sich alles um Bruno! Doch er versuchte sich nichts anmerken zu lassen. „Du warst beim Zauberberg? Der Weg ist doch unendlich weit!"

„Ja, das stimmt. Eugen und ich, wir waren viele Tage und Wochen unterwegs. Wir hatten einen wichtigen Brief von Dr. Waldbart an Bruno auszuliefern. Und wir haben es geschafft. Doch als es Zeit für die Heimkehr war, da wurden die Tage schon kürzer und vor allem kälter. Eigentlich hätte ich mich auf den Winter vorbereiten sollen, doch am Zauberberg wollte ich nicht bleiben. Und Eugen auch nicht. Es war Bruno, der dann eine Idee hatte", erzählte Hilda und machte eine Pause.

Alle Tiere lauschten gespannt. Auch Phio wartete neugierig darauf, was die Schnecke nun offenbaren würde, nur Lux hatte schon wieder dieses unangenehme Gefühl.

„Aha, Bruno hatte also eine Idee", versuchte er, Hilda zum Weiterreden zu animieren.

„Ja, genau. Bruno lebte schon seit vielen Jahren am Zauberberg. Einst war er dorthin gezogen, um mit den Kobolden und Elfen seinen Lebensabend zu verbringen. Er wollte ihre Schriften studieren und das Leben verstehen. Ganz nebenbei hat er viele Rezepte und Heiltinkturen kennengelernt. Unter anderem war ein Pulver dabei, das die Elfen den Wichteln als Heilmittel geben, wenn sie an innerer Kälte leiden. Es hilft, dass der Körper warm wird, dass er wieder Kraft bekommt und man sich am Leben erfreuen kann. Bruno dachte, dass es ein gutes Mittel für mich wäre. Es dauerte einige Tage, bis er mit seinem Koboldfreund das Mittel so weit verändert hatte, dass es mir helfen konnte, doch es gelang. Und siehe da, hier bin ich! Jeden Tag nehme ich nun mein Pulver und die Kobolde meinten, einen Winter lang würde es mir bestimmt nicht schaden, wenn ich einfach munter bliebe und den Zauber des Schnees erlebe."

„Das klingt mutig, liebe Hilda. Und wie fühlst du dich?", fragte Lux ein wenig besorgt. Er hatte sich insgeheim erhofft, dass die Lösung eine andere wäre. Welche genau hatte er sich zwar nicht ausmalen können, doch ein Zaubermittel von Bruno und den Kobolden war ihm nicht eingefallen.

„Lux, es geht mir wunderbar. Ich erfreue mich jeden Tag am Geglitzer des Schnees, am Funkeln der Sonnenstrahlen im Eis und natürlich an der Freude der Kinder beim Rodeln und

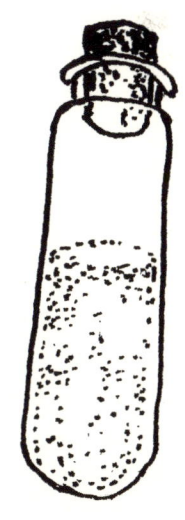

Schifahren. Und am allerschönsten ist es, dass ich endlich einmal die Winterpost ausliefern kann."

„Ich freue mich mit dir. Ganz ehrlich, ich freue mich sehr mit dir", sagte Lux und streichelte der Postschnecke über den Hals.

„Lux, hast du ihn schon begrüßt?", fragte sie den Wichtelmann unvermittelt.

„Wen soll ich begrüßt haben?", wunderte sich dieser.

Und schon kam ihm sein kleiner Bub strahlend entgegen. „Papa, schau, was ich bekommen habe!", rief Phio und schwenkte in der Hand ein kleines Fläschchen.

„Phio, ich habe gar nicht gemerkt, dass du nicht mehr bei mir warst", staunte Lux, als er ihn sah.

„Ich habe Fabio gesehen und bin gleich zu ihm gerannt. Und er hat mich dann Bruno vorgestellt."

Lux schluckte. „Bruno ist schon da?", fragte er.

„Ja, er ist noch gestern Abend angekommen. Er hat gesagt, er wäre sehr lange unterwegs gewesen. Und es sei super, dass wir den TonTopf schon hergerichtet hätten, denn so konnte er sofort einziehen."

Lux war erstaunt. Wie angewurzelt blieb er stehen und bewunderte die Flasche in Phios Hand. „Und was hast du da?", fragte er.

„Das ist mein Geschenk von Bruno. Er hat jedem Kind ein Fläschchen mitgebracht. Alle haben unterschiedliche Farben. Schau, Papa!" Phio hielt Lux die Flasche unter die Nase.

„Aha, sehr schön."

Prompt ertönte eine tiefe Stimme, die Lux durch Mark und Bein fuhr. „Lux, mein kleiner Junge, wie geht es dir?"

Der Wichtelpapa umarmte seinen Sohn, richtete sich auf und blickte Bruno entgegen. „Danke sehr, es geht mir gut."

„Komm her, lass dich in den Arm nehmen! Ich freue mich, dich zu sehen." Bruno umarmte Lux herzhaft. Dann sah er zu Phio. „Den kleinen Mann habe ich schon kennengelernt. Sag, ist das dein Sohn?"

„Ja, ich bin Phio und das ist mein Papa", antwortete der kleine Wichtelbub stolz.

Lux musste sich kurz sammeln. „Bruno, du bist schon da?"

„Ja, ich bin gestern Nacht angekommen. Ich dachte mir, ich versuche einfach mal, ob ich noch im alten TonTopf schlafen kann, und siehe da, eine freundliche Mäusefamilie hat mir eine zauberhafte Holztür geöffnet. Sie haben mir erzählt, dass du sie gemeinsam mit diesem jungen Herren gebaut hast. Eine wunderschöne Arbeit, vielen Dank!", sagte Bruno und klopfte Lux auf die Schulter.

„Das haben wir doch gerne gemacht", rang sich dieser ein Lächeln ab.

„Du, mein lieber Lux, ich habe heute gut geschlafen. Ich habe schon alle begrüßt und wurde herzlich willkommen geheißen. Nur mein Magen knurrt fürchterlich und Hilda hat mir verraten, dass deine Wurzelhöhle gleich in der Nähe liegt. Wäre es dir recht, wenn ich dich und Phio begleite und mit euch gemeinsam ein Mahl einnehme?"

„Ein Mahl einnehmen?", wiederholte Phio die ihm fremden Worte.

„Er möchte mit uns essen", übersetzte Lux.

Sofort sprang Phio fröhlich hinüber zu den anderen Kindern und verkündete: „Bruno wird mit uns essen. Er kommt mit zu unserer Wurzelhöhle, stellt euch vor!"

Hilda lächelte Lux zu und dieser seufzte still. Was konnte er dagegen schon sagen?

Familienbürde Drachenwachen

Als sich die Aufregung etwas gelegt hatte, gingen Phio und Lux gemeinsam mit dem alten Bruno langsam durch den Wald.

„Wie geht es dir, Lux? Es sind viele Jahre vergangen, seitdem wir uns das letzte Mal gesehen haben", begann Bruno ein Gespräch.

„Ja, das stimmt, Bruno. Es sind viele Jahre vergangen. Phio, bitte lauf doch voraus und verrate Mama schon einmal, dass wir einen Essensgast haben." Das ließ Phio sich nicht zweimal sagen und sauste wie der Wind durch den Wald davon.

„Bruno, ich war sehr enttäuscht damals. Du hast uns verlassen. Einfach so. Du hast dich von allen verabschiedet. Nur nicht von mir. Und ich hätte dich doch am allermeisten gebraucht", richtete Lux das Wort an den alten Wicht.

Dieser blieb stehen, sah dem Wichtelmann in die Augen und hörte geduldig zu.

„Du hast mich verlassen, gleich nachdem mein Vater weggezogen war. Ich war ganz alleine mit meiner Mutter. Du warst mir kein guter Onkel. Immer habe ich auf eine Nachricht von dir gewartet. Und nie habe ich etwas gehört. Es fällt mir schwer, jetzt so zu tun, als ob alles gut wäre, denn das ist es für mich nicht."

Bruno atmete tief die klare Waldluft ein. „So lass mich erklären, lieber Lux!"

Lux bemühte sich, dem alten Wichtel eine Chance zu geben, und setzte sich in den Schnee. „Ich bin ganz Ohr!"

„Weißt du, damals warst du ein aufgeweckter junger Wichtelbub, so wie es heute dein kleiner Phio ist. Es war schwer für dich, als dein Vater euch verlassen musste und in diese weit entfernte Höhle zog, doch es musste sein. Zu eurem Schutz. Dein Vater hat euch nicht gerne verlassen und das weißt du. Aber er allein hatte die Fähigkeit, die Höhle zu bewachen, so wie er es heute noch tut."

Lux verzog das Gesicht. „Ja, das weiß ich."

„Er allein hat die Gabe, dafür zu sorgen, dass der alte Drache weiterschläft, wie er es seit vielen Jahrhunderten macht. Das ist eine sehr verantwortungsvolle Aufgabe. Und als dein Großvater starb, Lux, da übernahm dein Vater voller Stolz diese schwere Bürde."

„Aber er hat mich und Mama allein gelassen!"

„Das weiß ich. Und ich weiß auch, dass ihr beiden viele Reisen zu deinem Vater unternommen habt. Dass du all dein Wissen über die Waldtiere von ihm gelernt hast und dass es ihm das Allerwichtigste auf der Welt war, dass er dich, seinen

Wichtelbuben, an einem sicheren Ort wusste. Niemand sonst hätte für einen sicheren Ort sorgen können. Er hat euch auch für dein Wohl verlassen. Würdest du nicht dasselbe für Phio tun?"

Lux dachte nach. So hatte er das noch nie gesehen. Sein Vater, der so weit weg in einer Höhle am Zauberberg wohnte, ermöglichte dem ganzen Wichtelvolk ein Leben ohne Angst vor dem weißen Drachen. Er war gegangen, damit er selbst, sein Sohn, in Frieden und Sicherheit aufwachsen konnte. Natürlich würde er das auch für Phio und Flora tun.

„Aber das erklärt nicht, warum du einfach gegangen bist", platzte Lux wütend heraus.

„So höre, lieber Lux, dein Vater war und ist mir der allerwichtigste Wicht in meinem Leben. Du weißt, ich habe keine Kinder, er ist mein Neffe, der Sohn meines Bruders. Natürlich wusste ich, was für eine Last es für ihn sein musste, seine junge Familie zu verlassen. Deshalb war für mich klar, dass ich für ihn und für dich, Lux, eine Lösung finden musste. Ich wanderte zum Zauberberg, um die Schriften und Weisheiten der Kobolde zu studieren. Immer mit dem Ziel, dem alten Drachen irgendwann ein Zaubermittel verabreichen zu können, das ihn friedlich macht und ungefährlich."

„Und ist es dir gelungen, Bruno?"

Dieser seufzte. „Schon seit Jahren bin ich einem Trank auf der Spur. Nicht nur einmal haben dein Vater und ich Mittel ausprobiert, doch leider war das richtige nie dabei."

Lux senkte den Kopf.

„Aber", fuhr der alte Mann fort.

Lux schaute auf und sah ihm in die Augen. „Aber?"

„Aber letztendlich habe ich es geschafft. Hilda hat gemeinsam mit Eugen im vergangenen Sommer einen Brief zum Zauberberg gebracht. Dr. Waldbart hat mir in diesem Brief die entscheidende Zutat verraten. Es war das Rezept für eine Tinktur, das er von einem Reiseelfen bekommen hatte."

„Von einem Reiseelfen?", fragte Lux verdutzt.

„Ähm, ja, das ist ein Elf, der durch die Welt reist, um mit anderen das neu errungene Wissen der Elfen zu teilen", erklärte Bruno.

„Und du hast jetzt das Mittel?", fragte Lux ungeduldig.

„Ja, ich denke, wir haben es geschafft." Der alte Mann grinste übers ganze Gesicht.

„Was bedeutet das, Bruno?"

„Lass dich überraschen, mein Junge. Komm, lass uns zu deiner Höhle gehen. Hörst du nicht, wie mein Magen knurrt?"

Lux war verwirrt. So viele Informationen waren zu viel für einen Tag. Zuerst ein Zaubermittel für Hilda und dann womöglich noch die Lösung für ein Problem, über das Lux schon seit Langem nicht mehr nachgedacht hatte. Er wusste, dass es irgendwann seine Aufgabe sein würde, die Höhle zu bewachen, doch daran mochte er gar nicht denken.

„Aber Bruno, was ist mit meinem Vater?"

„Deinem Vater geht es gut. Er freut sich, dass sich seine Zeit am Zauberberg nun dem Ende zuneigt!"

„Das heißt, er wird den Berg verlassen können?"

„Ja, sehr bald wird er ihn verlassen können. Ich hoffe, dass dann niemals mehr irgendein Wicht diese Last auf sich nehmen muss. Weißt du, er vermisst dich sehr und es tut ihm leid, dass ihr diesen Streit hattet."

Lux stand auf. „Lass uns einfach gehen, Bruno. Ich muss nachdenken."

Still schritten die beiden weiter durch den Wald.

Aus dem Kamin der Wurzelhöhle rauchte es und ein herrlicher Duft stieg den beiden Wichteln in die Nase.

„Mhm, das riecht nach Pinkas Waldeintopf", schwärmte Lux und das Wasser rann ihm im Munde zusammen. „Komm herein, alter Knabe", sagte er und hielt für Bruno die Tür auf.

Pinka ließ schwungvoll den Kochlöffel in den Topf fallen, wischte sich ihre schmutzigen Hände an der Schürze ab und eilte zur Tür. „Ich grüße dich, Bruno. Wie schön, dass du zu uns kommst."

„Ich freue mich, liebe Pinka, dich wiederzusehen. Du bist eine wunderschöne Frau geworden. Und ihr habt eine tolle Wurzelhöhle, wie ich sehe."

„Ja, wir leben sehr gut hier. Setzt euch, ihr beiden, ich rufe die Kinder, dann können wir essen."

Bruno und Lux schlüpften aus ihren Stiefeln und Mänteln und setzten sich auf die warme Küchenbank.

„Kinder, Papa ist zu Hause! Kommt bitte zum Essen!"

Wie üblich stürmten die beiden aus ihren Kammern. Flora grüßte höflich den fremden Gast und freute sich, dass dieser auch für sie ein kleines Fläschchen mit einer farbigen Flüssigkeit bereithielt.

„Was ist das?", wollte sie wissen.

„Das, mein kleines Fräulein, ist ein Zaubertrank vom Zauberberg. Ich habe für jedes Kind ein Fläschchen abgefüllt. Aber sei sparsam, dieser Trank ist schwer selbst herzustellen."

Flora streichelte über die schöne Flasche. „Ja, und wie wirkt der Trank?", fragte sie interessiert.

„Na ja, was meinst du, wie soll er denn wirken?", entgegnete Bruno.

Das kleine Wichtelmädchen war verwundert. „Was meinst du? Ich weiß ja nicht, was der Trank kann. Bitte sag es mir!"

Doch Bruno ließ nicht locker. „Flora, nutze deine Fantasie. Was wünschst du dir von diesem Zaubertrank? Wogegen oder wofür hättest du gerne einen?"

Flora überlegte. „Ehrlich gesagt weiß ich es nicht, denn ich habe alles, was ich brauche."

„Gutes Mädchen", sagte Bruno, doch er forderte sie auf: „Es ist schön, dass du weißt, dass du alles hast. Und doch hast du diese kleine Flasche, gefüllt mit einem besonderen Elixier. Es wird dir in schweren Zeiten eine Hilfe sein. Aber dieser Trank ist nur für dich! Nie darfst du ihn jemand anderem geben!"

Flora hielt die Flasche ehrfürchtig vor sich. „Jetzt weiß ich, wofür sie mir hilft. Sie enthält Muttropfen", freute sich Flora über ihren Einfall.

„Das ist wie bei mir", mischte sich nun Phio in das Gespräch ein. „Mein Trank ist auch für Mut. Damit ich noch mutiger und stärker werde."

„Schön, wenn ihr beide wisst, wobei euch das Elixier helfen wird. Aber nun lasst uns essen, es wird sonst kalt", mahnte Pinka und schöpfte jedem eine ordentliche Portion Waldeintopf auf den Teller.

Natürlich musste Bruno alles von seiner Reise erzählen. Und er begann mit seiner Geschichte ganz vorn, nämlich zu der Zeit, als sein Bruder Levitas, Lux' Großvater, unerwarteterweise starb.

„Damals musste Lux' Vater Brock innerhalb kürzester Zeit die schwere Bürde der Familie übernehmen. Nur er hatte die Gabe geerbt, den weißen Drachen zu bewachen, und falls er erwacht, erneut in den Schlaf zu singen."

Flora und Phio standen die Münder offen. Noch nie hatte ihnen jemand erzählt, dass es am Zauberberg einen Drachen gab. Und niemand hatte ihnen gesagt, dass jemand aus ihrer Familie der Drachenwächter war. Doch sie sagten nichts. Gebannt hingen sie, wie Pinka auch, an den Lippen des alten Wichtels.

„Es war eine sehr schwere Zeit, denn Brock hatte eine junge Frau und zwei kleine Söhne, Lux und Michael. Sein eigener jüngerer Bruder Lupos dagegen lebte noch alleine. Dieser bot ihm an, die Kunst des Drachensingens zu erlernen, doch diese Fähigkeit kann nicht erlernt werden. Und obwohl die Brüder eifrig miteinander übten, sahen sie schlussendlich doch ein, dass nur Brock als Drachenwächter infrage kam.

So zog dieser nach wenigen Tagen mit einem

großen Rucksack und unter vielen Tränen zum Zauberberg. Lupos begleitete ihn. Alle im Wichteldorf waren geschockt. Niemand hatte damit gerechnet, dass Großvater Levitas in so jungen Wichteljahren sterben müsste. Woran er starb, wurde bis heute nicht geklärt. Ob in irgendeiner Weise der Drache schuld war oder ob er aufgrund einer Krankheit verging, kann niemand sagen.

Gleichzeitig packte auch ich meine Sachen, denn ich konnte nicht mit ansehen, wie Lux und Michael unter der Trennung von ihrem Vater litten. Während alle aus dem Dorf Brock und Lupos hinterherwinkten, schmiedete ich mit den Elfen und Dr. Waldbart Pläne, wie wir Brock vielleicht nach Hause holen könnten. Doch auch nach vielen Stunden und Tagen hatten wir keine Lösung gefunden. So beschlossen wir, dass es an der Zeit wäre, hinter den Zauberberg zu gehen, um die Schriften der Kobolde zu studieren. Ich wusste, dass dies eine lange Zeit in Anspruch nehmen würde, doch für meinen Neffen Brock und seine beiden Söhne würde ich alles tun."

„Großvater Brock ist dein Neffe?", wiederholte Flora ungläubig. „Aber das würde ja bedeuten, dass du ..."

„Dass ich der Großonkel eures Vaters bin", ergänzte Bruno den Satz.

„Papa, du hast uns nie erzählt, dass Bruno dein Großonkel ist", platzte es aus Flora heraus. „Das ist ja wundervoll! Dann bist du auch unser Onkel, oder?"

„Ja, meine Kleine, ich bin euer Urgroßonkel!"

„Boah, cool!", staunte Phio und Lux schnaufte: „Ja, das ist total cool ..."

Nachdem sich die Kinder wieder beruhigt hatten, fuhr Bruno mit seiner Geschichte fort: „So brach ich also auf, Hals über Kopf, ohne einen Gedanken an den Abschied zu verschwenden. Für mich war es auch kein Abschied, denn ich wusste, ich würde eines Tages ein Elixier finden, das es möglich machen würde, meine Familie von der Bürde des Drachenwachens zu befreien und alle wieder zu vereinen.

Es vergingen Jahre, in denen ich mich in die Schriftrollen vertiefte, verschiedene alte Rezepte probierte, lange Wanderungen unternahm, um all die besonderen Zutaten zu finden, und mich ständig darum bemühte, dass es für meinen Neffen auf der anderen Seite des Berges nicht allzu einsam war. Anfangs wurde Brock noch regelmäßig von eurer Großmutter Noreia und den kleinen Buben besucht, doch der Weg war weit und beschwerlich und es kam die Zeit, da Noreia ihn nicht mehr schaffte." Bruno verschnaufte und trank einen Schluck Wasser.

Auch Lux trank etwas und seufzte. „Ja, das waren harte Zeiten."

Bruno fuhr mit seiner Erzählung fort: „Lux und Michael versorgten aufopferungsvoll ihre Mutter und kümmerten sich wie viele Jahre zuvor ihr Vater um die Tiere des Waldes. So lernte Lux schließlich seine Pinka kennen und damit eine neue Art der Lebensfreude. Die Besuche bei seinem Vater wurden seltener und es kam die Zeit, als Noreia im Sterben lag. Lux wünschte sich, dass Brock zu ihr käme, doch leider war dies nicht möglich. Er konnte den Berg nicht verlassen. Noreia wusste dies und schlief in inniger Liebe zu ihrem Mann für immer ein."

„So, ich denke, an dieser Stelle haben wir für heute genug gehört, Bruno", sagte Lux und stand auf.

„Nein, Papa, was ist dann passiert? Großmutter ist gestorben. Du hast uns nie davon erzählt, wie das für dich war", versuchte Flora, ihren Vater zu überzeugen. Doch sie sah ihm an, dass es ihm nicht leichtfiel, über diese schweren Jahre zu sprechen.

„Ich hätte mir gewünscht, mein Vater hätte meine Mutter noch ein letztes Mal besucht. Doch er durfte den Berg nicht verlassen. Es wäre ja möglich gewesen, dass der Drache erwacht. Ist er aber nicht", erzählte Lux nun doch.

„Ist das der Grund, warum du mit Großpapa grantig bist?", fragte Phio vorsichtig.

„Phiolein, ich bin nicht grantig mit Großpapa, ich bin nur enttäuscht. Ich hätte es mir anders gewünscht. Doch manchmal geht das, was man sich wünscht, nicht in Erfüllung."

„Doch, es geht in Erfüllung. Jeder Wunsch erfüllt sich irgendwann, Lux. Man muss nur geduldig sein können", sagte Bruno und klopfte ihm liebevoll auf die Schulter.

„Wie meinst du das?"

„Na ja, wie ich dir vorhin schon gesagt habe, haben wir das Mittel gefunden, das den Drachen besänftigt. Und es wird es möglich machen, dass dein Vater noch in diesem Winter zu uns kommt. Er muss den Drachen erst noch zähmen, ihm Manieren beibringen und auch unsere Sprache. Sobald er Vertrauen in ihn und seine Fähigkeiten hat, wird er kommen und dein Wunsch, Lux, wird sich erfüllen."

Die Kinder jubelten. „Großpapa wird uns besuchen. Er war noch nie bei uns in der Wurzelhöhle."

Die beiden kannten ihren Großvater nur von einem alten Bild und von einigen wenigen Briefen, die sie mit der Post erhalten hatten. Sie hatten bis zum heutigen Tage nur gewusst, dass ihr Großvater weit weg beim Zauberberg wohnte und der Weg dorthin so beschwerlich und lange war, dass die Familie ihn noch nie gemeinsam auf sich genommen hatte. Doch die spannenden Erzählungen hatten die kleinen Wichtel sehr fasziniert.

„Kommt, Kinder, geht jetzt ein bisschen nach draußen zum Spielen, ich komme gleich nach", schlug Pinka vor und die beiden ließen sich das nicht zweimal sagen.

„Lass uns einen Schneedrachen bauen, Flora", schlug Phio vor und schlüpfte in die dicken Handschuhe.

„Ja, das ist eine tolle Idee. Wir bauen einen weißen Drachen."

Während Pinka mit den Kindern im Garten spielte, klärte Bruno mit Lux noch einige Details.

„Ich habe in den Briefen nichts verraten, um es dir persönlich zu sagen", erklärte Bruno die überraschende Winterpost an all die Schulkinder. „Und dass Eugen und Hilda so viele Wochen unterwegs sein würden, konnte ich nicht ahnen. Wir waren praktisch gleich schnell hier, obwohl ich zuvor noch alles mit Brock besprechen musste und natürlich auch den Kobolden Bescheid gab. Alle sind eingeweiht und wissen um die große Veränderung, die uns bevorsteht. Wir werden in der Zukunft friedlich mit dem weißen Drachen leben, Lux."

Als alles gesagt war, umarmten sie sich und tranken zur Feier des Tages einen Zirbenschnaps aus Großvaters Schnapsgläsern.

„Das sind Neuigkeiten! Ich danke dir, Bruno. Und ich dachte schon, alles käme ganz anders."

„Nicht zu viel denken, mein Lieber! Und nun komm, ich möchte den Schneedrachen bewundern", schmunzelte Bruno.

Sie staunten nicht schlecht, als sie in den Garten traten. Flora und Phio hatten schon den Körper eines Drachen aus Schnee geformt und riefen vergnügt: „Papa, komm, hilf mit!"

Und das ließ sich Lux nicht zweimal sagen. Auch der alte Bruno spielte vergnügt mit den Kindern im Schnee.

Plötzlich hielt er inne und fragte: „Warum lehnt da an der Wand eine schiefe Tanne?"

„Das ist unser Weihnachtsbaum", antwortete Phio, lief zu seinem Bäumchen und streichelte es liebevoll. „Wir werden ihn schmücken und Kerzen dranhängen. Er darf zu uns in die Stube. Und darunter werden die Geschenke liegen."

Phio war kaum zu bremsen, aber Bruno entgegnete skeptisch: „Ein Weihnachtsbaum? So wie ihn die Menschen haben?"

„Ja", sagte Pinka versöhnlich, „mein Vater hat beim letzten Lichterfest den Kindern von diesem Brauch der Menschen erzählt und Phio hat dann diese wunderbare Tanne im Wald gesehen. Wir werden es einfach einmal versuchen."

„Aha! Warum nicht?", murmelte Bruno und klopfte Phio auf die Schulter. „Es ist immer wichtig, neue Dinge auszuprobieren. Du hast also einen Weihnachtsbaum."

„Wir haben einen Weihnachtsbaum, wir alle zusammen!"

„Du hast recht. Alle zusammen", lächelte der alte Wicht.

Langsam sank die Sonne hinter die Wipfel der hohen Bäume.

„Es wird Zeit für einen heißen Tee", sagte Pinka. „Möchtest du noch einen mit uns trinken, Bruno?"

„Nein, liebe Pinka, vielen Dank, aber ich werde nach Hause gehen und mich zur Ruhe legen. Doch ich danke euch für diesen schönen Tag!"

„Nichts zu danken, Bruno", meinte die kleine Wichtelfrau und umarmte den alten Wicht.

„Soll ich dich noch zum TonTopf begleiten?", fragte Lux.

„Ja, und wir gehen auch mit!", riefen die Kinder vergnügt. „Papa, du kannst uns auf der Rodel ziehen."

„Sehr gerne! Ich freue mich über Begleitung", erwiderte Bruno und man konnte ihm die Müdigkeit ansehen.

„Dann los, ich hole die Rodel", rief Phio und verschwand im Gartenhaus.

Kurze Zeit später stapften die vier durch den Wald in Richtung TonTopf. Flora hielt eine kleine Laterne in der Hand, denn im Winter wurde es sehr schnell dunkel.

„Das war ein toller Tag! Du bist unser Urgroßonkel und es gibt einen Drachen und ...", sagte Flora.

Doch Phio fiel ihr ins Wort: „Und wir schmücken bald unseren Baum. Wirst du denn das Lichterfest mit uns feiern, Onkel?"

Lux blieb stehen. Bruno schaute ihm tief in die Augen, ohne etwas zu sagen. Einen Moment lang war es ganz still im winterlichen Wichtelwald.

Doch Lux löste die Spannung auf und lachte. „Natürlich feierst du mit uns, Onkel. Wir freuen uns auf dich!"

Die beiden umarmten sich und die Kinder jubelten.

Das Lichterfest

Das Warten auf das Lichterfest war für die Wichtelkinder sehr aufregend und so hatten Pinka und Lux alle Hände voll zu tun, um Flora und Phio bei Laune zu halten. Doch endlich war es so weit.

Am Vorabend der großen Feier sagte Pinka: „Wer hat Lust, unser schiefes Bäumchen hereinzuholen und es mit mir zu schmücken?"

Mit einem lauten „ICH" stürmten beide Kinder aus ihren Kammern und warteten geduldig, bis Lux den kleinen Baum in die Wohnstube getragen hatte. Dort bekam er am Fenster einen schönen Platz.

Dann durften die Kinder mit dem Schmücken beginnen. Bunte Glaskugeln und kleine geschnitzte Engelchen hängen sie als Erstes auf. Außerdem gefaltete Sterne, Nussschalen und mit Goldfäden verzierte Herbstblätter.

„Ich habe noch etwas gebastelt", rief Flora und holte aus ihrer Kammer liebevoll ausgeschnittene Schneewichte mit kleinen orangen Nasen.

„Sehr schön, Flora, das wird ein ganz besonderer Baum. Da werden die Englein Augen machen", sagte Pinka liebevoll und drückte Flora ein Küsschen auf die Stirn.

Abschließend durfte Phio den Stern, den er mit Lux ausgesägt und angemalt hatte, auf die Spitze des Baumes stecken.

„Wunderschön!", rief Flora und klatschte in die Hände.

„Ich denke, das ist ein echter Weihnachtsbaum", schwärmte Phio und bewunderte das Meisterwerk.

„Da hast du recht. Aber jetzt ab ins Bett mit euch", befahl die Wichtelmama und schob ihre Kinder aus der gemütlichen Wohnecke.

Und dann endlich war der Morgen des Lichterfests da. Nach einem ausgiebigen Frühstück wurden Flora und Phio von ihren Großeltern abgeholt. Sie wollten mit den Kindern zuerst eine lustige Rodelpartie machen und dann schon vorgehen zum Marktplatz. Dort würde an diesem Nachmittag das große Fest im Kreise aller Wichtelfamilien und Waldtiere stattfinden.

Die Wichtelmama und der Wichtelpapa blieben zu Hause. Sie putzten, kochten und bereiteten alles für ein schönes Fest vor. Am frühen Nachmittag waren sie mit all ihren Arbeiten fertig und gingen ebenfalls zum Marktplatz. Flora und Phio waren gerade mit der großen Mäusekutsche unterwegs und Omama und Opapa genossen einen heißen Waldbeerpunsch.

„Habt ihr alles erledigen können?", erkundigte sich Omama und hielt Pinka die dampfende Tasse entgegen.

„Ja, danke. Alles geschafft. Sind schon alle da?"

„Liebes, wen meinst du mit alle?", fragte Opapa und winkte den begeisterten Kindern, die gerade an ihnen vorbeifuhren.

„Na ja, ist Bruno auch da?", wollte Pinka wissen.

„Nein, den habe ich heute noch gar nicht gesehen", stellte Omama fest.

Lux schaute nachdenklich ins Leere. Auch gestern hatte er seinen Onkel nirgends gesehen. Er würde doch nicht wieder einfach stillschweigend abgereist sein?

„Lux", holte ihn Pinka aus seinen Gedanken, „komm, wir holen uns einen Punsch."

Still folgte er seiner Frau hinüber zu den Marktständen. Doch Bruno ging ihm nicht mehr aus dem Kopf.

Kurze Zeit später hatten sich die beiden Wichtelkinder zu ihnen gesellt und erhellten die Laune ihres nachdenklichen Vaters. „Und da bin ich fast aus der Kutsche gefallen", erzählte Phio.

„Das kommt davon, wenn du dich nicht festhältst", grinste Flora und knabberte an einer kandierten Nuss.

„Doch, das mache ich schon. Aber die Maus ist so schnell gerannt und hat den Stein nicht gesehen. Ich bin ganz weit in den Himmel gehüpft, und als ich wieder gelandet bin, hat mir mein ganzer Popo wehgetan." Phio verrenkte sich und rieb sich seinen durch den Schneeanzug gut gepolsterten Hintern. Alle lachten herzhaft.

Die Wichtelkapelle spielte ein paar schöne Winterlieder und das große Lagerfeuer verzauberte den Marktplatz in ein wahres Glitzermeer. Überall funkelten Eiskugeln und Schneelaternen. Fleißige Helfer hatten kleine Feuerkörbe aus hohlen Baumstämmen aufgestellt, an denen sich die Kinder ihre Hände wärmten. Es duftete nach Keksen und Punsch und es begann erneut, leicht zu schneien. Alles war perfekt.

Plötzlich ertönte eine Stimme: „Meine lieben Wichtelfreunde, es ist Zeit. Bitte setzt euch!" Es war Hilda, die Waldratsvorsitzende, die sich auf einen hohen Stein gestellt hatte, um zu ihnen zu sprechen. „Bitte, meine lieben Freunde, nehmt eure heißen Tassen und setzt euch. Ich möchte ein paar Worte zum heutigen Fest sagen und anschließend Lux bitten, wie in jedem Jahr die Geschichte von der Entstehung unseres wundervollen Dorfes zu erzählen. Anschließend kann sich jede Familie eine Laterne aussuchen und ihr Licht an unserem großen Feuer entzünden. Es wird euch den Heimweg hell erleuchten."

Jeder Wichtel suchte sich einen Platz auf einem der vielen Baumstämme, die rund um das Lagerfeuer hingelegt worden waren.

„Hier, Flora, setz dich zu mir!", sagte Pinka zu ihrem Töchterchen.

Das ließ sich diese nicht zweimal sagen und kuschelte sich in die Arme ihrer Mutter. Flora wusste, jetzt kam der Moment, auf den sie sich das ganze Jahr freute. Die Geschichte.

„Mutter, komm, hier sind noch drei freie Plätze", rief Pinka Omama entgegen und zeigte neben sich.

„Das ist lieb. Komm, Phio, setz dich auf meinen Schoß, damit dein Popo nicht auch noch kalt wird."

Flora grinste.

„Nein, Omama, ich habe keinen kalten Popo. Ich bin schon groß, ich mag selber einen Platz", sagte der kleine Wichtelbub stolz und setzte sich zwischen seine Großeltern.

„Das passt gut, heuer liegen dicke Filzkissen auf den Stämmen, da sollten wir es alle warm genug haben."

Als endlich alle einen Platz gefunden hatten, wurde es still. Die Tiere des Waldes stellten sich hinter die Wichtelfamilien und so bildeten alle gemeinsam einen dichten Kreis um das Feuer.

Hilda begann zu sprechen: „Wie schön, dass wir wieder alle gemeinsam das wundervolle Lichterfest feiern. Es ist die dunkelste Zeit des Jahres, doch in dieser Nacht wird das Licht neu geboren. Von nun an werden die Tage wieder heller und sie werden uns mit neuer Kraft und Hoffnung erfüllen. Wir feiern heute die Wiederkehr des Lichtes! Doch bevor wir feiern, möchte ich euch einladen, euch Gedanken zu machen über das vergangene Jahr. Was hat euch gefallen? Was war schwer für euch? Gibt es etwas, das ein jeder im alten Jahr zurücklassen möchte, um befreit und kraftvoll in das neue zu gleiten?" Hilda hielt inne. Stille legte sich über den Wald und man konnte nur das Knistern des großen Lagerfeuers hören.

„Mama?", fragte Flora.

„Ja?"

„Mama, was soll ich denn Altes zurücklassen? Ich habe nichts mit", fragte das kleine Wichtelmädchen verwirrt. Es war das erste Mal, dass sie sich wirklich Gedanken über die Worte der Waldratsvorsitzenden machte.

„Das ist im übertragenen Sinne gemeint. Hilda schlägt vor, dass wir alte Gedanken zurücklassen und unseren Kopf leer machen für neue Ideen."

Flora dachte nach. Pinka umarmte ihr Mädchen und spürte, dass sie nun kein kleines Kind mehr war.

Da sprach Hilda weiter: „Wie in jedem Jahr haben wir für die Erwachsenen die alte Schwitzhütte hinten bei der alten Föhre aufgestellt. Jeder ist eingeladen, sie heute oder in den kommenden Tagen für sich zu nutzen."

Pinka lächelte Lux zu, der ihnen gegenüber neben der Waldratsvorsitzenden auf dem großen Stein saß. Sie wusste, dass er sich jedes Jahr auf dieses Ritual zum Jahresabschluss freute. Und in diesem Jahr war es natürlich etwas ganz Besonderes, da Bruno zurückgekehrt war und ihn an all die alten Geschichten erinnert hatte.

„Nun lasst uns einige Minuten in der Stille den Zauber dieses Abends genießen, bevor Lux uns die Geschichte erzählt", schloss Hilda ihre Rede.

Die Wichtelkapelle spielte ein leises Lied. Das Feuer knisterte und man konnte hören, wie das Eis rund um das Lagerfeuer zischend verdampfte. Für Phio war die Zeit der Stille immer sehr schwer auszuhalten. Zappelnd saß er zwischen Omama und Opapa, die ihm liebevoll immer wieder über den Kopf streichelten.

Und dann war es so weit. Lux stand auf. Er stellte sich im hellen Schein des Feuers auf einen großen Stein, seine rote Wichtelmütze auf dem Kopf und den langen Wollschal, den Pinka ihm zum letzten Lichterfest geschenkt hatte, locker um den Hals geschlungen. „Ich freue mich, dass alle heute an diesem speziellen Tag hierher zum Marktplatz gekommen sind. Ich danke Hilda für die schönen Worte und möchte euch nun wie zu jedem Lichterfest die Geschichte unseres Dorfes erzählen."

Alle klatschten und so begann Lux seine Erzählung.

Brunos TonTopf

Einst, vor vielen Jahrhunderten, als im hintersten Winkel des Waldes nur Kobolde, Elfen und einige Tiere lebten, rumpelte und pumpelte es unerwartet und plötzlich. Irgendwoher von hoch oben fiel ein eigenartiges, fremdes Ding herunter. Einfach so, mitten in den Wald. Es war ein sehr großes Glück, dass dabei niemand getroffen wurde. Das Ding landete recht unsanft auf einer bemoosten Wurzel. Den Aufprall hatte es leider nicht unbeschadet überstanden, denn am Rand war ein großes Stück herausgebrochen.

Alle Kobolde und Feen waren sofort zur Stelle. Niemand konnte sich erklären, woher dieses seltsame Ding kam, doch sie waren sich einig, dass es ein TonTopf war. Zwar verkehrt herum und um einiges größer, doch ansonsten den ihren sehr ähnlich. Trotz aller Mühe konnten sie den großen Topf keinen Millimeter bewegen, und da er auf einer Wurzel lag, konnte man ihn auch nicht als Raum oder zur Aufbewahrung wertvoller Kräuter verwenden. Kurz: Er war einfach nur nutzlos.

Und so lag er nun da, dieser TonTopf, und mit den Wochen und Monaten begann allmählich das Moos über ihn hinwegzuwachsen. Einige Käfer, Würmer und auch Mäuse nutzten den herrlichen Platz unter der Wurzel als Schutz, denn der TonTopf hielt verlässlich jeden Regen und auch heiße Sonnenstrahlen von ihnen fern.

So kam es, dass unterhalb dieser Wurzel im Laufe der vielen Jahre eine kleine Höhle entstand, auf der der bemooste Ton-Topf ruhte. Niemand dachte mehr daran, und wenn man es nicht wusste, dann fiel er im Wald gar nicht mehr als eigenartiges, fremdes Ding auf.

Viele Jahre später wanderte Bruno als erster Wichtel tief in den Wald hinein. Er war auf der Suche nach einem neuen Zuhause, denn die Menschen hatten ihre Häuser so nahe an den Wald gebaut, dass es für die Wichtel und ihre Familien gefährlich wurde. Es war die Zeit gekommen, einen neuen Platz für das Wichteldorf zu finden, und es war Bruno, der für diese Suche ausgewählt worden war. Er war nicht wirklich begeistert davon, doch es half nichts. Irgendjemand musste sich auf den Weg machen, und um niemanden zu enttäuschen, packte Bruno seine Sachen und verließ das kleine Wichteldorf.

Schon viele Tage war er durch den Wald gewandert. Es waren viele einsame Stunden gewesen, denn auch die Tiere hatten sich tiefer in den Wald zurückgezogen. Und so traf er niemanden und war allein mit sich. Bruno aber ließ sich die Laune nicht verderben. Er hatte vorgesorgt und war sich selbst dankbar, dass er seine Laute mitgenommen hatte. Denn Bruno liebte die Musik. Bei jeder Gelegenheit machte er ein kleines Päuschen und zupfte auf seinem Instrument. Und wenn er sehr gut gelaunt war, dann sang er dazu fröhliche Wichtellieder.

Er marschierte und marschierte, viele Tage lang. Immer tiefer in den Wald hinein. Und jeden Tag traf er mehr Tiere. Kleine und große, hilfsbereite und ängstliche, stürmische und launische. Und sein Wichtelherz lachte. Bald würde er den Platz gefunden haben, an

den er mit seiner Familie und all den Wichtelfreunden ziehen konnte.

    Eines Nachmittags allerdings wurde diese Vorfreude getrübt. Innerhalb weniger Minuten zogen dicke Wolken über den blauen Himmel und versperrten den Sonnenstrahlen den Weg hinein in den Wald. Es wurde immer dunkler und Bruno machte sich Sorgen. Wo sollte er nur hingehen, wenn es plötzlich zu regnen anfing? Und kaum hatte er diesen Gedanken gefasst, fielen schon die ersten Tropfen zu Boden. Bruno schützte seine Laute, so gut er konnte, und begann zu rennen.

    Eine kleine Maus, die ebenfalls nicht nass werden wollte, hetzte an ihm vorbei und rief: „Komm, folge mir, ich weiß einen trockenen Ort."

    Und Bruno lief, so schnell ihn seine müden, kleinen Wichtelfüße tragen konnten, der flinken Maus hinterher. Immer gera-

deaus über Steine und Wurzeln direkt auf eine grüne Wand zu. Bruno wollte noch laut rufen, um die Maus zu warnen, doch da war sie schon zwischen den dichten Blättern verschwunden.

Zaghaft trat auch der kleine Wichtelmann an die Blätterwand und schob diese mühelos mit seinen Händen zur Seite. Schnell hineingeschlüpft empfing ihn eine gemütliche Höhle, in der auch schon einige andere Tiere Zuflucht vor dem Regen gefunden hatten.

Bruno wurde herzlich von den Anwesenden aufgenommen. Die meisten von ihnen hatten noch nie einen Wichtel gesehen, denn hier lebten neben den vielen Tieren nur einige wenige Kobolde und Elfen. Doch ein paar von den eher älteren Tieren wussten sehr wohl, dass es einst die Wichtel gewesen waren, die ihnen bei Krankheit oder Verletzung geholfen hatten. So musste Bruno erzählen, was er hier im hintersten Winkel des Waldes ganz alleine zu suchen hätte. Und der Wichtelmann berichtete vom kleinen Wichteldorf, von seiner Familie und seinen Freunden. Und auch von den Menschen, die immer näher an den Wald heranrückten. Erschrocken lauschten die Tiere den Erzählungen von wilden Hunden, zerstörten Feldern und Häusern und das tobende Unwetter draußen vor der Höhle untermalte die dramatischen Berichte mit lautem Donner und Blitzschlag.

Es dauerte viele Stunden und irgendwann war es Abend geworden. Alle wurden müde, doch der Regen prasselte unaufhörlich weiter. Niemand hatte mehr Lust zu reden und alle wollten nur noch hinaus aus der stickigen Höhle. Die Maus, die Bruno den Weg gewiesen hatte, war die Erste, die durch die Blätterwand hinaus in den Regen wollte. Doch auf dem Weg dorthin übersah sie Brunos Laute und schob diese unsanft weiter. Ein paar Töne erklangen und augenblicklich war es still.

„Was war das?", riefen die Tiere aufgeregt durcheinander und Bruno lächelte.

„Das ist meine Laute", sagte er stolz und hob diese auf, um sie herumzuzeigen. „Ich kann ihr wundervolle Musik entlocken. Habt ihr Lust?"

Welch eine Frage, natürlich hatten die Tiere Lust. Und so setzte sich der kleine Wichtelmann auf einen Stein und begann, auf seiner Laute zu zupfen. Die Tiere hörten aufmerksam zu, während die Musik sie in andere Welten trug. Zauberhafte Töne ließen die Tiere einschlafen und von glänzenden Sonnenstrahlen und frischem Frühlingswind träumen. Mit der Zeit wurde auch Bruno müde und schlief, angelehnt an die kleine Maus, ruhig ein.

Am nächsten Morgen war das Unwetter vorüber und die Sonne schickte wieder ihre hellen Strahlen in den Wald. Aber die Tiere hatten keine Zeit, sich für die Sonne zu interessieren, denn sie wollten noch einmal Musik hören. Und so spielte Bruno wieder auf seiner Laute. Diesmal aber war der Klang ein ganz besonderer. Es schien fast so, als würde er irgendwo widerhallen.

„Das ist uns gestern gar nicht aufgefallen, da der Regen und der Donner so laut waren", sagte Bruno ganz verzaubert.

Die Tiere stimmten dem kleinen Wichtelmann zu. Die Musik selbst war wunderschön, doch heute, bei Sonnenschein, lag noch etwas anderes, etwas zauberhaft Klingendes, etwas Ungreifbares in ihr.

Nachdem sich Bruno mit einem ausgiebigen Frühstück gestärkt hatte, wollte er das Geheimnis der Höhle lüften und schob mit beiden Händen die Blätterwand, so gut es ging, zur Seite. Er untersuchte jeden Winkel und entfernte all den Schmutz, der sich über die vielen Jahre angesammelt hatte, doch er konnte das Geheimnis des zauberhaften Klangs nicht lüften. So entschied er sich, noch eine Nacht in dieser Höhle zu verbringen. Gemeinsam mit der Maus bettete er sich auf ein weiches Moospolster und erschöpft von den Anstrengungen des Tages schlief er sofort ein.

Doch mitten in der Nacht erwachte der kleine Wichtelmann plötzlich, da seine Nase von silbrigem Mondlicht gekitzelt wurde. Wie konnte das sein? Hier in der Höhle? Sofort war Bruno hellwach und in Forscherlaune. Wie kam es, dass von oben herein das Mondlicht in die Höhle scheinen konnte?

Er blinzelte und kletterte am Rand der Höhle noch oben. Doch es half nichts. Es war einfach zu dunkel und so musste er sich wohl oder übel bis zum nächsten Tag gedulden.

Einschlafen konnte Bruno natürlich nicht mehr. „Was habe ich denn übersehen? Mir ist gar nicht aufgefallen, wie hoch die Höhle ist." Viele Stunden grübelte er, und als die Sonne aufging, sprang er auf und weckte die Maus.

Diese konnte zuerst gar nicht glauben, was Bruno ihr erzählte, doch von Neugier gepackt, versprach sie, ihm zu helfen.

Gemeinsam erforschten sie noch einmal die Höhle, stiegen, so gut es eben ging, an den Wänden nach oben, doch es gelang ihnen nicht herauszufinden, wo das Ende war. Wie hoch war diese Decke? „Komm, lass uns von außen schauen", rief Bruno irgendwann total aufgeregt und stürmte aus der Höhle hinaus. Nach einem großen Bogen um einen alten Baum herum kam er irgendwann auf einem Moosbett an, aus dem ein kleiner Berg gewachsen zu sein schien. Verdutzt und ziemlich planlos stand Bruno da und wartete auf die Maus.

„Hm, was ist denn das?", fragte diese.

Beide wussten nicht so recht, was sie jetzt tun konnten.

„Na ja, es schaut aus wie ein grüner Hügel. Ein Hügel, der ziemlich gut klingt", versuchte Bruno, eine Erklärung zu finden. Langsam trat er näher. Vorsichtig, um nur ja nicht einzubrechen und mit einem Mal auf dem Boden der Höhle zu landen. Aber nichts dergleichen passierte. Er kam zum Rand des grünen Hügels und zupfte etwas am Moos herum. Zuerst eher zaghaft, dann immer mutiger und ausdauernder. „Schau, es geht herunter", rief er der Maus zu, als er einen kleinen Fleck vom Moos befreit hatte. „Da ist etwas Rotes drunter. Nein, es ist eher bräunlich."

Auch die Maus war ganz aufgeregt und sprang nervös herum. Mittlerweile hatten sogar andere Tiere gemerkt, dass der kleine Wichtelmann ernsthaft daran interessiert war, herauszufinden, was es mit dieser besonderen Höhle und dem zauberhaften Klang auf sich hatte.

„Schau, wie wunderbar, es scheint fast so, als wäre der ganze Hügel aus diesem rotbraunen Ding! Und höre, was passiert, wenn ich dranklopfe, es klingt hohl!"

Brunos Begeisterung war für alle Anwesenden zu spüren. Innerhalb kurzer Zeit standen viele Tiere rund um den Hügel.

„So hört doch, es klingt hohl!", rief er erneut begeistert.

Und die Tiere freuten sich mit ihm. Sie wussten zwar nicht wirklich, warum sie sich gerade freuten, aber das war egal. Alle lachten und jubelten, als hätten sie einen großen Schatz gefunden. Und nur Bruno war klar, dass es tatsächlich so war. Dieser Hügel war ein richtiger Musikschatz!

„Hierher werden wir kommen. Hier möchte ich leben", rief Bruno aufgeregt.

Und augenblicklich brachen alle Tiere in noch lauteres Jubelgeschrei aus. *„Wirklich?",* fragten sie noch einmal leicht skeptisch. *„Das wäre das Wunderbarste auf der Welt!"*

„Ja, auf jeden Fall, wenn ihr alle einverstanden seid", entgegnete Bruno lächelnd.

„Natürlich sind wir das", sagte eine alte Eule, die aufgrund der Aufregung ihr Schläfchen unterbrochen hatte. *„Meine Großmutter hat mir immer erzählt, wie wunderbar es war, als sie noch gemeinsam mit den Wichteln gelebt hatten. Ich wünsche mir, dass für meine Enkel und deren Kinder wieder so eine wundervolle Zeit anbrechen wird. Und, lieber Bruno, ich bin mir sicher, dass all die Tiere dir und deinem Wichtelvolk beim Umzug hierher in den Wald helfen werden."*

Bruno wurde ganz still. Der Umzug! Über diesen hatte er sich noch keine Gedanken gemacht. Doch das Angebot der Eule wurde sogleich von allen Tieren aufgenommen und bekräftigt. Wild redeten sie durcheinander und boten ihre Hilfe an. Gerührt nickte Bruno und ließ sich bereitwillig von der kleinen Maus umarmen.

In den darauffolgenden Tagen zeigten die Tiere Bruno die nähere Umgebung. Sie führten ihn zum kleinen Waldteich, zur großen Lichtung und zur dicken Eiche. Und natürlich zeigten sie ihm jeden Baum, der eine große Wurzelhöhle hatte, jeden verlassenen Fuchsbau und alle sonstigen möglichen Plätze, die sich als Wichtelbehausungen eigneten. Und jeden Tag fanden sie Zeit, gemeinsam mit dem kleinen Wichtelmann weiter das Moos vom Hügel zu kratzen und die Höhle gemütlich für die Ankunft der anderen herzurichten. Man merkte es den Tieren an, dass es ihnen ein Anliegen war, dass das Wichtelvolk hierher in den hintersten Winkel des Waldes zog. Und Bruno fühlte sich sichtlich wohl.

Und dann war es so weit. Es kam der Tag, an dem Bruno zurück durch den Wald ins Wichteldorf gehen musste. Da dieser

Weg jedoch sehr lange und mühsam war und die Tiere ihren neuen Freund schon sehr ins Herz geschlossen hatten, boten sie ihm an, ihm auch weiterhin zu helfen. Die größeren von ihnen beschlossen, Bruno quer durch den Wald zu begleiten, damit sie beim Transport der vielen Dinge helfen konnten. Die kleineren Tiere versprachen, dass sie an der Höhle und dem Hügel weiterarbeiten wollten, sodass alles bereit wäre, wenn die vielen Wichtel in ihrem neuen Zuhause ankamen.

„Komm, setz dich auf meinen Rücken, ich trage dich", bot Frau Fuchs großzügig an.

Bruno setzte sich vorsichtig auf das rötlich schimmernde Fell und schon stapfte die Füchsin los. Der Wichtelmann war sehr aufgeregt und zappelig, gleichzeitig aber unendlich dankbar, dass er diesen schönen Platz mit all den wundervollen Tieren gefunden hatte.

„Ich danke euch! Ich freue mich unendlich, dass wir bald hier leben werden. Es wird einige Zeit dauern, bis wir wiederkommen, also passt gut auf meine Laute auf!", rief er winkend den zurückbleibenden Tieren zu.

So kam es, wie es kommen sollte. Im heimischen Wichteldorf wurde Bruno schon sehnsüchtig erwartet. Alle hatten bereits ihr Hab und Gut eingepackt und auf große Ziehkarren geladen. Bruno und die Tiere hatten nur einen Tag Zeit zu rasten, bevor es wieder losging. Denn ganz in der Nähe ihres Wichteldorfes würde ein Spielplatz für Menschenkinder mitten im Wald errichtet werden. So war Eile geboten.

Am Abend vor dem Aufbruch musste der kleine Wichtelmann viele Fragen über sich ergehen lassen und so erzählte er ausführlich, wie er den schönen neuen, allerbesten aller Plätze für ihr Wichteldorf gefunden hatte. Er beschrieb den glitzernden Waldteich sowie die knorrige Eiche und natürlich all die besonderen Wurzelhöhlen und sein eigenes neues Zuhause – den TonTopf! Zu dieser Zeit hieß er allerdings noch nicht TonTopf, sondern einfach Wurzelhöhle wie all die anderen auch.

Früh im Morgengrauen trat das Wichtelvolk seine Reise an. Unterstützt von den vielen Tieren kamen sie recht zügig voran und durchwanderten den großen Wald innerhalb weniger Tage. Erschöpft und müde erreichten sie eines Abends den hintersten Winkel des Waldes.

„Bald haben wir es geschafft", spornte Bruno seine Freunde an. „Nur noch wenige Bäume, dann könnt ihr schon meine Wurzelhöhle sehen. Wir können am Anfang alle in dieser Höhle schlafen. Der Platz wird ausreichen."

Die Wichtel waren so müde, dass es ihnen egal war, wie viel Platz ihnen zur Verfügung stand. Als sie endlich ankamen, stand schon der Mond hoch oben am Himmel. Sie folgten seinem Schein und stolperten einer nach dem anderen schlaftrunken hinein in die Wurzelhöhle.

So begann eine neue Zeit im hintersten Winkel des Waldes. Innerhalb weniger Wochen bezogen all die Wichtelfamilien ihre Wurzelhöhlen und begannen, es sich gemütlich zu machen. Jeder genoss diesen schönen Platz und auch die Tiere konnten es sich bald nicht mehr ohne die Wichtel vorstellen. Es wurde ein harmonisches Leben in Stille, ohne die Hektik, die die Menschen in den Wichteln so oft ausgelöst hatten.

„Jeder war für diesen Platz im hintersten Winkel des Waldes dankbar und bis zum heutigen Tage ist es so geblieben", schloss Lux. „Dies war eine sehr lange Erzählung und jedes Mal, wenn ich sie euch schildere, tauche ich mit euch ganz tief in die Geschichte unseres Wichtelvolkes ein. Aber jetzt wollen wir uns wieder dem Lichterfest widmen. Ich danke euch allen fürs Zuhören."

Alle jubelten und klatschten.

„Mama, mir fällt erst jetzt auf, dass Onkel Bruno gar nicht da ist. Und weißt du, er heißt auch Bruno ... Ich verstehe gar nichts mehr", sagte Flora und rieb sich die Augen.

Auch Pinka wunderte sich über den eigenartigen Zufall, der ihr noch nie so bewusst geworden war, doch schon holte Phio sie aus ihren Gedanken. „Mama, jetzt gehen wir aber heim, oder? Zu unserem Baum."

„Aber klar. Doch warte noch einen Moment, wir wollen schließlich auch eine Laterne am gemeinsamen Feuer entzünden, oder? Sonst sehen wir nichts beim Heimgehen", sagte sie und umarmte ihren Sohn liebevoll. „Außerdem warten wir noch auf Papa, dann gehen wir, einverstanden?"

„Vielen Dank, lieber Lux, für die wundervolle Geschichte. Nun ist es an der Zeit, dass jede Familie gemeinsam das Licht einer Laterne entzündet", sagte Hilda. „Es soll euch den Weg nach Hause erleuchten und Wärme in der kalten Zeit spenden."

Während die Wichtelkapelle ein leises Lied spielte, zündeten Flora und Phio gemeinsam mit Omama, Opapa und Pinka das Licht einer grünen Laterne an.

„Wie schön es leuchtet", meinte Phio andächtig. „Aber jetzt gehen wir!"

„Gleich, mein ungeduldiger kleiner Mann, warte bitte noch auf Papa", meinte Pinka.

Großvater Brock

Alle waren gut gelaunt und fröhlich. Es wurde Holz nachgelegt, um das Feuer wieder anzufachen, und die Tassen wurden mit frischem, heißem Punsch gefüllt. Die Wichtelkapelle spielte ruhige Wintermusik und die Kinder liefen vergnügt über den Marktplatz.

Doch plötzlich schien die Luft zu surren. Die Gespräche verstummten und eine eigenartige Stille legte sich über den Wald. Flora und Phio bekamen Angst. Auch Pinka war nicht mehr ganz wohl und so nahm sie die Kinder bei der Hand und zog sie vom Feuer weg unter eine kleine Föhre. Omama und Opapa folgten ihnen.

„Mama, was passiert denn da?", fragte Flora und Tränen rannen über ihre Wangen.

„Ich weiß es nicht. Aber alles wird gut! Vertrau darauf! Alles wird gut!", versuchte Pinka sie zu beruhigen. Doch so ganz konnte sie das selbst nicht glauben.

„Schaut, da oben!", rief Phio und zeigte in den dunklen Himmel. Hoch über ihnen schien ein großer Vogel zu schweben. Plötzlich erhellte eine Stichflamme den Nachthimmel und ermöglichte eine freie Sicht auf einen großen Drachen. Lautes Geschrei brach unter den Festgästen aus.

Nur Lux erfasste die Situation und rief: „Beruhigt euch, alles ist gut!", doch niemand schien ihn zu hören.

Panik brach aus und alle rannten, um sich in Sicherheit zu bringen. Die Wichtel verkrochen sich unter Baumstämmen oder versteckten sich in Höhlen und die Tiere des Waldes stürzten in das sichere Dickicht. Pinka nahm die Kinder an der Hand und flüchtete mit ihnen und ihren Eltern in den nahegelegenen Fuchsbau. Innerhalb kürzester Zeit stand Lux alleine auf dem verlassenen Marktplatz. Der große Drache kreiste über ihm. Weite Schwingen und ein langer Schwanz flößten auch dem tapferen Wichtelmann ordentlichen Respekt ein.

Doch er beruhigte sich selbst: „Das kann nur Vater mit dem Drachen sein." Er starrte erwartungsvoll nach oben. Und tatsächlich entdeckte er bei näherem Hinsehen zwei kleine Wichtel auf dem Rücken des großen Tieres. Fröhlich winkten sie nach unten und Lux winkte zurück.

Dann setzte der Drachen zum Landen an. Knapp neben dem Feuer kam das große Tier zum Stehen und die beiden alten Wichtelmänner kletterten von seinem Rücken.

„Willkommen!", rief Lux und umarmte seinen Vater Brock herzlich.

„Ich bin so froh, dich in den Arm nehmen zu können, mein kleiner Lux", antwortete dieser und drückte seinen Sohn, der ihn um einen halben Kopf überragte, fest an sich.

„Das also ist der weiße Drache", staunte Lux und sein Vater erwiderte: „Ja, das ist der weiße Drache. Sagenumwoben! Doch endlich haben wir das Problem lösen können und sind in Freundschaft mit ihm verbunden. So wie mit allen anderen Tieren auch."

Lux betrachtete interessiert das große Tier. Dann klopfte ihm Bruno auf die Schulter. „Da staunst du, was?"

„Bruno. Schön, dass du wieder da bist!", begrüßte Lux seinen Onkel. „Ich habe mir schon Gedanken gemacht, wo du nur bist."

Bruno zwinkerte ihm zu. „Es sollte doch eine Überraschung sein, Lux."

„Ja, die ist dir gelungen. Der Drache hat allen einen Riesenschrecken eingejagt. Siehst du? Niemand ist mehr da. Alle verstecken sich", sagte Lux in vorwurfsvollem Ton.

„Oh, das war nicht unsere Absicht", meinte Brock und sah sich schuldbewusst um. Der Marktplatz war verlassen, einzig das Feuer loderte und verschlang gierig die nachgelegten Holzscheite.

„Ja, die Kinder waren in Panik, haben geweint und gebrüllt. Das war allerdings eine Überraschung. Ich hoffe, niemand wird böse sein", sorgte sich Lux und ging über den Platz in Richtung Fuchsbau. Er wusste, dass Pinka und die Kinder dort bei Viola und Ernesto Schutz gesucht hatten. „Kommt heraus, meine Lieben, Onkel Bruno und Großvater Brock sind da. Mit dem weißen Drachen."

Pinka öffnete die Tür einen Spalt. „Lux, bist du wahnsinnig? Wir kommen doch nicht raus! Der Drache wird uns fressen!"

Lux drehte sich zu seinem Vater um, der ihm gefolgt war. „Wie ist das, Vater? Wie sollen wir mit dem Drachen umgehen?" Der Drache saß derweil in aufrechter Position mit angezogenen Flügeln und aufmerksamem Blick neben dem großen Lagerfeuer. Beide Ohren hatte es angelegt und den Kopf leicht geneigt. Gefährlich sah es eigentlich nicht aus.

„Na ja, vor einigen Wochen habe ich ihr ...", setzte Brock an.
„Ihr? Es ist ein Mädchen?"

„Ja, es ist eine Drachenfrau. Also, vor einigen Wochen habe ich ihr ein Elixier verabreicht, das es möglich macht, dass sie unsere Sprache versteht. Außerdem hat es bewirkt, dass Taja ruhig wurde und in uns Wichteln sowie in den Tieren des Waldes nur das Gute sieht. Ich habe hart mit ihr gearbeitet und mittlerweile sind wir gute Freunde geworden."

Lux stutzte. „Vater, du bist dir sicher, dass es eine gute Idee ist, den Drachen ... na ja ... ähm ... Taja hierher ins Wichteldorf zu bringen? Erinnere dich bitte an all die Geschichten unserer Vorfahren. Von den Drachen und ..."

„Lux, vertraue mir! Ich habe dir beigebracht, wie man mit den Tieren des Waldes lebt und arbeitet. Ich habe Erfahrung. Mein ganzes Leben habe ich damit verbracht, mich um die Geschöpfe der Erde zu kümmern. Ich bin mir sicher, dass dies der richtige Zeitpunkt ist, um Taja zu euch zu bringen. Ich möchte, dass sie euch kennenlernt und dann wieder in ihre Höhle zurückkehrt. Ein Drache schläft oft viele Jahre lang. Ein kurzer Besuch einmal im Jahr wird ausreichen, um eine gute Freundschaft mit ihr zu pflegen. Und damit wir dies erreichen können ..."

Lux vervollständigte den Satz seines Vaters: „... ist es wichtig, dass uns das Tier vertraut. Ich kann mich an deine vielen Lektionen im Wald erinnern, Vater. Nur wenn ein Tier einem vertraut, wird es einem nichts tun. Ich weiß ..."

„Du bist gut vorbereitet. Also erkläre bitte du den anderen, was zu tun ist. Ich werde zu Taja gehen. Sie weiß, was auf sie zukommt."

Großvater Brock und Bruno gingen hinüber zur weißen Drachenfrau. Diese saß aufmerksam und ruhig auf ihrem Platz, während Lux Pinka die Situation erklärte. Es dauerte nicht lange und aus dem Fuchsbau stürmten Flora und Phio an ihrem Vater vorbei in Richtung Lagerfeuer.

„Großvater!", riefen sie.

„Kinder!", freute sich Großvater Brock und breitete seine Arme für eine herzliche Umarmung aus. Doch kurz bevor die beiden Wichtelkinder bei ihm angelangt waren, spitzte Taja ihre Ohren und begutachtete die kleinen Wesen. „Keine Sorge, das ist meine Freundin Taja. Sie hat noch nie Kinder gesehen. Begrüßt sie bitte", erklärte der alte Wichtelmann.

Phio und Flora machten große Augen. Die weiße Drachenfrau saß vor ihnen, stolz und doch freundlich.

„Grüß dich, Drache", traute sich Phio als Erster.

„Ähm, ja, hallo", brachte schließlich auch Flora hervor. Taja schnaufte und kleine dunkle Rauchwolken quollen aus ihrer Nase. „Großvater, speit sie jetzt Feuer?", rief Flora entsetzt und stellte sich hinter den alten Wicht.

„Aber nein! Bevor Taja spricht, kommt immer etwas Rauch aus der Nase. Sie spricht ja noch nicht so lange und muss noch kräftig üben. Aber bisher hat sie es sehr gut gemacht, nicht wahr, Taja?"

„Ja, das stimmt", sagte die Drachenfrau mit zarter, hoher Stimme.

„Oh", grinste Flora und auch Phio staunte nicht schlecht. Irgendwie hatten sich die beiden eine laute, tiefe Stimme vorgestellt.

„Ich grüße euch, ihr Wichtelkinder! Vielen Dank, dass ihr mich eingeladen habt!"

„Ähm ... gerne", antwortete Flora und hob unwissend die Schultern.

Lux und Pinka, die in der Zwischenzeit die anderen Wichtel über die Ankunft von Brock und dem weißen Drachen informiert hatten, stellten sich hinter ihre Kinder.

Pinka begrüßte die Drachenfrau ebenfalls: „Sei gegrüßt, wunderschöne Taja, ich bin froh, dass wir uns kennenlernen." Nicht ganz ohne Angst streckte sie dem großen Tier ihre Hand entgegen.

Brock lachte. „Erwartest du jetzt einen Handschlag, meine Liebe?"

Pinka wurde rot im Gesicht und zog die Hand zurück. „Ach, keine Ahnung, was ich mir dabei gedacht habe", gestand sie lachend.

Alle anderen lachten mit ihr und nun trauten sich auch die anderen Wichtel näher an den großen Drachen heran. Großvater Brock wurde herzlich begrüßt. Vor allem die älteren Wichtel freuten sich sehr über das Wiedersehen mit ihrem Drachenwächter. Bruno erzählte derweil von den vergangenen Wochen und wie es sein Neffe Brock geschafft hatte, eine so enge Freundschaft mit der schönen Drachenfrau aufzubauen.

„Und wir vereinbarten, dass wir heute zu eurem Fest kommen wollten. Ich traf Brock hinten beim kleinen Waldteich, um gemeinsam mit ihm herzukommen. Der Tag ist perfekt. Das Lichterfest ist ideal, um all die alten Geschichten abzuschließen und unsere Freundschaft mit dem Drachen ganz neu zu beginnen. Der Zeitpunkt ist wohlweislich gewählt", schloss Bruno seinen Bericht.

Hilda, die Waldratsvorsitzende, hatte ihm gut zugehört. Mit jedem Wort, das der alte Wicht sprach, wurde sie wütender. Und schließlich hielt sie es nicht mehr aus. Sie klopfte Lux von hinten auf die Schulter und meinte streng: „Auf ein Wort, Lux?"

Der Wichtelmann ahnte, dass dies nichts Gutes zu bedeuten hatte, und entfernte sich mit ihr ein paar Schritte vom Marktplatz.

„Seid ihr noch bei Trost? Ihr könnt doch nicht einfach unser schönes Fest zerstören und den Drachen herbringen! Das ist ja Wahnsinn!" Hilda stampfte voller Zorn mit den Füßen auf den Boden. „Unser schönes Fest! Wir haben es so lange vorbereitet und dann wird es einfach so zerstört! Dieser Schock sitzt allen in den Knochen. Du hättest es ankündigen können, Lux. Du weißt, dass die anderen auf dich hören und dir vertrauen."

Lux versuchte, ihren Redeschwall zu unterbrechen, und fuchtelte mit den Händen vor ihrem Gesicht herum, um anzudeuten, dass er gerne etwas dazu sagen wollte. „Hilda, so hör doch!"

„Nein, Lux, jetzt hörst du zu! Ich dulde so ein Verhalten nicht. Es mag sein, dass eure Familie die Bürde des Drachenwachens trägt, doch das ist noch lange kein Grund, eine derartige Entscheidung alleine zu treffen und alle in Panik zu versetzen."

„Hilda!", rief Lux laut und stemmte die Arme in die Hüften.

„Ähm, ja?", fragte diese verdutzt und hielt kurz inne.

„Hilda, so lass mich doch zu Wort kommen! Ich wusste nicht, dass Vater heute Nacht kommt. Ich wusste auch nicht, dass Bruno mit ihm vereinbart hat, das Lichterfest zu besuchen."

Hilda beruhigte sich. „Ach, du warst nicht eingeweiht?"

„Nein, natürlich nicht. Meinst du, Pinka und die Kinder wären schreiend in den Fuchsbau geflüchtet, wenn ich Bescheid gewusst hätte?"

Das leuchtete der Waldratsvorsitzenden ein. „Entschuldige, Lux. Dann werde ich mir jetzt Brock vorknöpfen."

„Hilda, so warte doch. Schau, er erzählt gerade seine Geschichte und es sieht nicht so aus, als ob die anderen ihm böse wären."

Hilda sah hinüber zum Marktplatz. Da saßen alle Wichtel wieder auf ihren Baumstämmen rund ums Lagerfeuer und lauschten den Erzählungen von Großvater Brock. Taja, die weiße Drachenfrau, hockte neben ihm und hörte ebenfalls zu.

„Vielleicht hast du recht, Lux, vielleicht sollte ich auch den Berichten zuhören und meinen Ärger im Wald lassen."

„Das ist eine gute Idee", sagte der Wichtelmann und nickte ihr dankbar zu.

Hilda drehte sich um und verschwand im Wald. Die Äste knackten, dann war es still. Lux wunderte sich zwar, aber er beschloss, sich zu seinen Kindern zu setzen.

Doch plötzlich war ein lauter Schrei zu hören, der alle verstummten ließ.

Lux stürmte hinüber zu der Stelle, wo Hilda im Wald verschwunden war, als er schon ihre grüne Wichtelmütze erblickte. „Hilda, ist alles in Ordnung?", fragte er besorgt und sie grinste ihm entgegen.

„Ich sagte doch, ich werde den Ärger im Wald lassen, oder?"

Lux lachte und legte seinen Arm um ihre Schulter. „Dann komm, liebe Freundin, lass uns zu den anderen gehen und unser Fest fortsetzen."

Nach und nach kehrte die feierliche Stimmung zurück. Die Wichtelkapelle spielte ruhige Wintermusik und Großvater Brock erzählte von seinen Erlebnissen mit Taja. Die Kinder saßen rund um die schöne Drachenfrau und betasteten vorsichtig ihre besonderen Schuppen. Taja war sehr geduldig und freute sich über so viel Zuwendung und Interesse.

„Weißt du, ich finde es toll, dass wir jetzt Freunde sind", sagte Flora und streichelte ihr über den Hals.

„Das finde ich auch. Immer habe ich gedacht, dass ihr mir nichts Gutes wollt. Dass ihr nur meine schönen Schuppen haben wollt, um daraus Medizin zu machen. Doch das stimmt gar nicht", erklärte Taja. „Seitdem ich eure Sprache verstehe, verstehe ich auch euer Tun besser. Ich habe mich immer gefürchtet und gedacht, ich müsste mich und meine Höhle beschützen. Der Wächter vor meiner Tür hat mir Angst gemacht und sein Zaubergesang war jedes Mal so überwältigend, dass ich nie richtig aufwachen und leben konnte."

„Ach, das ist aber traurig. Mama hat uns erzählt, dass die Wichtel sich lange Zeit sehr vor dir gefürchtet haben. Dabei ist alles nur ein Missverständnis gewesen. Das ist sehr schade! Wir hätten schon viel früher Freunde sein können."

„Ja, das hätten wir. Aber besser jetzt als nie, oder?", lächelte die Drachenfrau.

„Wo wirst du leben? Ziehst du jetzt zu uns?", fragte Phio neugierig.

Taja antwortete: „Nein, mein lieber Phio, ich werde noch heute Nacht zu meiner Höhle zurückfliegen."

„Aber warum denn? Jetzt sind wir doch Freunde. Du könntest bei uns im Wichtelwald leben."

„Nein, das geht nicht. Ich bin ein Drache und Drachen schlafen sehr viel. Ich fühle mich nur in meiner Höhle sicher und bewache dort sehr alte Geheimnisse des Zauberbergs. Außerdem war ich jetzt schon sehr lange Zeit munter, um von Brock zu lernen, wie die verschiedenen Wesen zwischen Zauberberg und Wichtelwald leben, was sie brauchen und wovor sie sich fürchten. Jetzt bin ich müde und möchte schlafen."

Flora war voller Hoffnung und schlug Taja etwas vor: „Dann flieg doch heute Nacht nach Hause und komm morgen wieder! Wir haben bestimmt viel Spaß zusammen."

„Flora, das ist sehr nett gemeint", lächelte die Drachenfrau, „doch wenn ein Drache schläft, dann schläft er viele Monde lang."

„Oh", hauchten beide Wichtelkinder zugleich.

„Das heißt dann ja, dass du erst im Sommer wieder aufwachst?", hakte das kleine Wichtelmädchen nach.

„Frühestens! Noch wahrscheinlicher ist es, dass ich erst im Herbst erwache. Es sei denn, es passiert etwas Außergewöhnliches, dann werde ich sofort erwachen."

Da hatte Phios Freund Fabio eine Idee. „Wir könnten ja etwas Außergewöhnliches anstellen."

„Oh nein! Das werdet ihr schön bleiben lassen", mischte sich nun Großvater Brock in das Gespräch ein. „Taja ist ein Drache. Und Drachen haben ein sehr sanftes, aber eigenwilliges Gemüt. Niemand wird sie wecken. Wir beide haben vereinbart, dass ich regelmäßig nach ihr sehen werde. Und das werde ich tun. Ganz alleine."

„Aber, Großvater, du wirst doch nicht wieder weggehen?", fragte Flora besorgt und drückte sich fest an ihn.

„Nein, meine Flora, das werde ich natürlich nicht. Aber ich und vielleicht auch dein Papa werden immer wieder auf Reisen gehen, um nach Taja zu sehen."

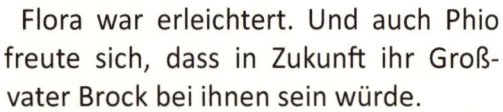

Flora war erleichtert. Und auch Phio freute sich, dass in Zukunft ihr Großvater Brock bei ihnen sein würde.

Während die Kinder sich weiterhin mit der Drachenfrau unterhielten, genossen die erwachsenen Wichtel heißen Punsch und kandierte Nüsse.

Das Feuer brannte nieder und nur noch an wenigen Stellen züngelten kleine Flammen empor.

„Es wird Zeit, nach Hause zu gehen", sagte Pinka und holte ihre Kinder.

„Nein, Mama, wir reden noch mit Taja", versuchte Flora, ihre Mutter zum Bleiben zu überreden.

„Nein, Flora, es ist spät. Schau, die meisten sind schon nach Hause gegangen. Möchtest du nicht zur Wurzelhöhle gehen und nachsehen, ob die Englein für dich ein kleines Geschenk dagelassen haben?"

„Doch!", platzte es aus Phio heraus. „Gehen wir!" Schon stand er neben Pinka und nahm ihre Hand.

„Aber, Mama, ich werde Taja lange nicht sehen", entgegnete Flora, doch da mischte sich die Drachenfrau ein.

„Es ist schon gut, Flora. Ich bin sehr müde und werde die Gelegenheit nutzen, um mich zu verabschieden."

„Nein, Taja! Bleib noch!", jammerte Flora den Tränen nahe.

„Es ist doch nicht für lange", versuchte Taja sie zu beruhigen, doch die Kleine erinnerte sich gut an ihre vorherigen Erklärungen.

„Du sagtest, du würdest viele Monde lang schlafen. Das ist für Wichtelkinder sehr lange!"

„Aber ich verspreche dir, dass wir uns wiedersehen. Großes Zauberbergehrenwort!", schwor Taja und legte den Kopf schief.

„Also komm, Flora", meinte Pinka und hielt ihrem Töchterchen die Hand hin.

Dieses streichelte Taja noch einmal über den Hals. „Es hat mich gefreut, dich kennenzulernen, schöne Drachenfrau!"

„Es war mir ebenfalls eine Ehre, schönes Wichtelmädchen!"

Dann nahm Flora Pinkas Hand und ging mit ihr zu den anderen hinüber. „Großvater?", fragte sie.

„Ja, Flora?"

„Wirst du mit Taja zum Zauberberg zurückkehren?"

„Nein, Flora. Wenn es deiner Mutter recht ist, dann würde

ich gerne bis zum Frühling bei euch bleiben. Erst dann werde ich zum Zauberberg reisen."

Erwartungsvoll schaute Flora ihrer Mutter in die Augen. „Schau nicht so, Liebes! Natürlich ist mir das recht! Wir werden jetzt nach Hause gehen, Brock. Du kannst gerne nachkommen, wenn du all deine Geschichten erzählt und dich von Taja verabschiedet hast. Aber die Kinder sind müde und zu Hause wartet noch eine kleine Überraschung auf sie."

„Gerne, Pinka, ich werde später nachkommen. Ich danke dir", sagte Brock und verabschiedete sich von Flora, Phio, Pinka und Lux.

Auch Omama und Opapa verabschiedeten sich von den anderen und begleiteten die vier, denn das Lichterfest war ein Fest der Familie.

Der Weihnachtsbaum

So stapften sie los in Richtung Waldpfad und die kleine grüne Laterne leuchtete ihnen den Weg. Flora winkte eifrig der Drachenfrau, und als sie an der Abzweigung ankamen, die den letzten Blick auf den Marktplatz ermöglichte, rief sie, so laut sie konnte: „Auf Wiedersehen, Taja! Bis zum Herbst! Da habe ich Geburtstag. Bitte komm zu meinem Geburtstag!"

Taja spitzte die Ohren und lauschte Floras Stimme. Dann hob sie ihren Kopf und ließ eine riesige Stichflamme in den Himmel steigen.

„Flora, komm, es ist Zeit zu gehen", sagte Pinka, nahm ihre Hand und ging mit schnellen Schritten voran.

Phio war schon sehr aufgeregt und konnte es kaum noch erwarten, endlich nach Hause zu kommen. Er ging an Opapas Hand und erzählte ihm: „Weißt du, ich hab mir etwas ganz Besonderes gewünscht. Einen neuen Waggon für meine Eisenbahn. Und ich weiß, dass die Englein den braven Kindern manchmal einen Wunsch erfüllen und ein kleines Geschenk dalassen. Und weil Lichterfest ist, haben wir auch einen Lichterbaum. So wie die Menschen! Und wir haben Kerzen montiert. Und die werden richtig leuchten. So wie du es erzählt hast. Und vielleicht liegt mein Geschenk unter dem Baum. Nicht so wie sonst, wenn es einfach unter meinem Polster liegt. Sondern so wie bei den Menschenkindern. Du hast mir das erzählt, Opapa. Weißt du das noch?"

„Natürlich, mein kleiner Phio. Das weiß ich noch", schmunzelte Opapa, weil er die Vorfreude seines Enkelsohnes entzückend fand.

„Kommt, lasst uns auf dem Nachhauseweg etwas singen",

meinte Omama und begann, ein schönes Winterlied anzustimmen.

So marschierte die kleine Wichtelfamilie im Schein ihrer Laterne singend durch den verschneiten Wichtelwald. Bereits aus einiger Entfernung sahen sie, dass Licht in ihrer Wurzelhöhle brannte.

„Flora, komm!", rief Phio aufgeregt. Und schon flitzte der kleine Wichtelbub los.

„Warte, Phio, ich möchte mit!" Auch Flora sauste los und die anderen hatten Mühe, den Kindern zu folgen.

„Mama, da liegen Briefe!", schrie Flora und schwenkte in ihrer Hand fünf schön verzierte und liebevoll beschriftete Kuverts.

„Meine Güte, das habe ich ganz vergessen", stöhnte Pinka. „Die Karten! Die liegen noch auf dem Fenstersims."

Doch Lux umarmte seine Frau und flüsterte ihr ins Ohr: „Aber ich habe es nicht vergessen, meine Liebe. Als ich mich neulich mit Hilda getroffen habe, habe ich ihr die Karten mitgegeben. Du darfst dich also über Post freuen, denn auch die Briefe für dich sind angekommen."

Pinka umarmte ihren Mann und drückte ihm einen lauten Schmatzer auf die Wange. „Du bist der Beste!"

„Ich weiß", grinste der Wichtelpapa und freute sich, weil Pinka sich freute.

Phios Stimme zitterte vor Aufregung. „Dürfen wir schon hineingehen?"

Alle waren sehr erstaunt über den Zauber, der über ihrer Wurzelhöhle lag.

„Natürlich. Öffnet vorsichtig die Tür!", sagte Pinka und war selbst neugierig auf das, was sie erwarten würde.

Kaum war die Tür einen Spalt auf, hielt es Phio nicht mehr aus und stürmte hinein. Drinnen stand sein Bäumchen, geschmückt mit all den Dingen, die sie am Vorabend aufgehängt hatten, und hell erleuchtet vom Kerzenschein. Unter dem Bäumchen lagen, schön verpackt, sechs kleine Pakete.

„Die Geschenke! Da liegen Geschenke! So wie in deiner Erzählung, Opapa!", rief Phio begeistert und hüpfte auf und ab.

„Zauberhaft", sagte Pinka und legte ihren Arm um Flora.

„Ja, Mama, es ist wirklich sehr schön."

In der Wurzelhöhle schien die Luft zu glitzern, wohlige Wärme erfüllte die Stube und es duftete nach Bratapfel und Honigkerzen.

„Da waren fleißige Englein am Werk", sagte Lux und nahm Omama den Mantel ab.

Kurze Zeit später stand die ganze Wichtelfamilie andächtig um die kleine, schiefe Tanne herum und genoss den Zauber des Moments.

„Mama, da hängen weiße Ringlein!" Phio war ganz aufgeregt wegen seiner Entdeckung. „Gell, Opapa, du hast genau von solchen Ringlein erzählt?"

Pinka staunte nicht schlecht. In all der Aufregung der letzten Tage hatte sie ganz vergessen, weiße Ringe zu backen. Obwohl sie extra ein Rezept bei Nexa abgeschrieben hatte, hatte sie einfach nicht mehr daran gedacht.

„Phio, das ist Zauberei! So koste doch eines", schlug Pinka vor.

Vorsichtig nahm sich der kleine Wichtelbub ein Ringlein von seinem Weihnachtsbaum. Flora schaute mit großen Augen zu, wie ihr kleiner Bruder andächtig in den Ring biss.

„Meine Güte, der schmeckt ja herrlich", schwärmte Phio. „Mama, darf Flora auch einen nehmen?"

Flora und auch Pinka lächelten liebevoll. „Das ist aber sehr aufmerksam, dass du an deine Schwester denkst. Natürlich! Flora, nimm dir auch einen Ring!"

Bevor das Wichtelmädchen sanft eine der weißen Süßigkeiten von einem Ast des Baumes löste, übergab es Pinka die schönen Kuverts. „Ja, wirklich, das schmeckt herrlich!", sagte Flora und genoss die besondere Leckerei sichtlich.

„Das also ist euer Weihnachtsbaum!", staunte Omama und lächelte ihre Enkelkinder an.

„Wisst ihr, was die Menschenkinder machen, wenn sie zum Weihnachtsbaum kommen?", fragte Opapa.

„Nein, erzähl! Was machen sie?", forderten die Kinder.

„Sie singen Weihnachtslieder."

„Aber wir kennen keine Weihnachtslieder, Opapa", meinte Flora enttäuscht.

„Aber wir kennen Winterlieder", warf Pinka ein und hielt Flora ihre Flöte entgegen.

„Aber gut die Lippen abschlecken", mahnte Opapa und nahm sich die kleine Ukulele, die immer an der Wand in der Wohnstube hing.

Als alle bereit waren, ertönten die ersten schönen Klänge in der Wurzelhöhle. Alle sangen mit, nur Phio konnte seine Augen gar nicht von den schön verpackten Geschenken abwenden.

Anschließend erzählte Opapa eine Geschichte. Eingehüllt in die warme Spitzmauswolldecke kuschelten sich die beiden Kinder an ihren Wichtelpapa und lauschten der Erzählung, während Pinka und Omama das Essen vorbereiteten.

„Das Essen ist fertig. Kommt, ihr Lieben", verkündete Pinka plötzlich.

Phio und Flora rieben sich die Augen. Unbemerkt von den anderen waren sie eingeschlafen und schon sanft im Land der Träume gelandet. Doch ihre Mägen knurrten und so dauerte es nicht lange, bis sie mit ihren Eltern und Großeltern am wunderschön geschmückten Tisch saßen. Kleine goldene Lärchenschurtschen, goldene selbst gehäkelte Sterne und drei große Honigkerzen sorgten für eine festliche Stimmung. Die Teller hatten einen glitzernden Rand und auf den Gläsern waren kleine Schneeflocken zu sehen.

„So, meine Lieben, eine kräftige Suppe für alle", sagte Pinka, während sie die Teller mit dampfender, duftender Waldkräuterbrühe befüllte. „Und nach der Vorspeise dürft ihr eure Geschenke auspacken."

Die beiden aufgeregten Kinder hatten Mühe zu essen und es war ihnen unmöglich, nicht immer wieder zu ihrem schönen Bäumchen zu blicken.

„Ich habe keinen Hunger mehr, Mama", sagte Flora schließlich und legte nach wenigen Bissen ihren Löffel zur Seite.

„Ich auch nicht", stimmte Phio zu.

„Ihr beiden seid bestimmt einfach nur zu aufgeregt, um zu essen, denn dass ihr keinen Hunger habt, kann eigentlich nicht sein", stellte Pinka lächelnd fest. „Bitte wartet noch einen Moment, bis auch Opapa fertig ist. Wir würden gerne alle dabei sein, wenn ihr eure Geschenke aufmacht."

„Ja, gut, Mama", zeigten sich die Kinder einsichtig, doch als endlich alle fertig waren, sprangen sie sofort auf und liefen zum Baum. Mit großen Augen erkannten Flora und Phio, dass unter dem Baum drei Geschenke mit einer rosafarbenen Masche lagen und drei mit einer blauen.

„Ich weiß es", rief Phio, „für uns Buben sind die blauen Pakete."

„Ja, und für uns Mädchen die rosaroten." Vorsichtig streichelte Flora mit ihrer Hand über die schönen Geschenke.

Phio war etwas schneller. Er griff sich ein Geschenk und – ritsch, ratsch – war das Papier weg. Eine bunte Zipfelmütze erschien und dem kleinen Wichtel stand die Enttäuschung ins Gesicht geschrieben.

„Phio, jetzt warst du zu schnell. Du hättest lesen müssen, was auf dem Geschenk steht", tadelte ihn Pinka und nahm das Papier in die Hand.

„Aber ich kann doch nicht lesen, Mama", stammelte er den Tränen nahe.

Pinka streichelte ihm über den Kopf und zeigte auf die goldenen Buchstaben auf dem Papier. „Schau, hier steht: *FÜR OPAPA*."

Erleichtert übergab Phio die bunte Mütze an Opapa, der sie sogleich aufsetzte. „Toll, eine neue Mütze", lachte dieser und alle lachten mit, denn die Kopfbedeckung war etwas zu groß ausgefallen und rutschte dem alten Wichtelmann prompt über die Augen.

„Schau, Phiolein, hier ist ein Geschenk mit deinem Namen", sagte Pinka und reichte ihrem Sohn ein etwas kleineres Paket.

Langsamer als vorher entfernte der ungeduldige Wichtelbub das Papier. „Juchu! Ein Waggon! Ein roter, wundervoller Eisenbahnwaggon!", rief Phio außer sich vor Freude. „Er hat Fenster, schau, Opapa, den kann man an meinen großen Zug anhängen."

„Phio, das ist toll, probiere ihn doch gleich aus", schlug Opapa vor und schon war Phio in seine Kammer geflitzt, um alle Teile der Holzeisenbahn zu holen.

Während Flora ihrem Papa sein Geschenk brachte, baute Phio die Gleise seiner Eisenbahn auf und holte seine Lokomotive. Dann hängte er den neuen, glänzenden Waggon hinten an und drehte eine erste Proberunde.

„Oh, er ist wunderbar! Und ganz hinten, da kann man sogar die Tür aufmachen."

„Toll, Phio", meinte Pinka und auch Lux freute sich mit seinem kleinen Sohn.

„Meinst du, da kann eines deiner Tannennadelmännchen mitfahren?"

„Ja, eine tolle Idee, Papa!", rief Phio und war schon wieder in seiner Kammer verschwunden.

Flora übergab Omama ein weiches, recht großes Geschenk und behielt das Paket mit der Aufschrift *FÜR UNSERE BRAVE FLORA* für sich. Vorsichtig öffnete sie die Masche und wickelte das Papier ab. Dann hob sie eine wunderschöne Puppe aus dem Karton. Diese hatte die gleichen dunklen Haare wie sie selbst und ein zauberhaft schönes Blumenkleid an.

„Ohhh, wie schön!", hauchte das Wichtelmädchen und umarmte seine neue Freundin.

Auch Omama wickelte vorsichtig das Papier ihres Geschenks ab und staunte über einen langen dunkelvioletten Schal. „Der wird mich bestimmt über viele Winterzeiten warm halten", sagte sie und wickelte sich den Schal um den Hals. „Vielen Dank! So einen feinen, warmen Schal hab ich mir schon immer gewünscht."

„Mama, hier ist ein Geschenk für dich", rief Flora und reichte ihrer Mama ein in Backpapier eingewickeltes Geschenk.

„Das haben Papa und ich gemacht", berichtete Phio stolz, als Pinka das Papier abwickelte. Und sie staunte nicht schlecht, als eine wunderschöne Schüssel aus Treibhölzern zum Vorschein kam. „Die hab ich alle selber gefunden unten am Bach und dann hab ich sie mit Papa zusammengebunden", erzählte Phio.

„Sie ist wunderschön. Vielen Dank! Das habt ihr beiden wirklich toll gemacht", bedankte sich Pinka und küsste ihren kleinen Wichtelbuben auf die Stirn.

„Hier, Papa, das hab ich für dich gemacht", strahlte Flora und drückte Lux ein Geschenk, ebenfalls in Papier gewickelt, in die Hand.

„Da bin ich aber neugierig", erwiderte dieser und wickelte das Papier ab. „Aha, das sind ja lauter süße Dinge. Das ist perfekt, Flora, vielen Dank!", meinte Lux und nahm sich eine der schönen Pralinen.

„Nein, Papa, nicht essen!", rief Flora lautstark. „Die sind doch zum Baden."

„Was?" Lux kannte sich nicht mehr aus. „Wieso denn zum Baden?"

„Papa, das sind Badekugeln. Die hab ich selber gemacht. Aus den Kräutern des Waldes, die du so gerne magst. Ich hab mir gedacht, das ist genau das Richtige für dich, wenn du nach der Waldarbeit mit kalten Füßen nach Hause kommst und ein heißes Bad im Eichenfässchen nimmst. Es wird wunderbar duften."

Langsam verstand Lux, was eine Badepraline war. „Oh, Flora, das ist aber lieb. Danke dir! Da hast du dir wirklich Gedanken gemacht. Und ich verspreche, ich werde keine essen."

Diese Worte brachten alle lautstark zum Lachen.

„So, meine Lieben, bitte zu Tisch, das Essen ist angerichtet", verkündete schließlich die Wichtelmama. Es sah herrlich aus. Pinka und Omama hatten sich wieder einmal selbst übertroffen. Aus den vielen Schüsseln dampfte und duftete es. „Bedient euch, ihr Lieben."

„Ein wundervolles Lichterfest euch allen!", wünschte der Wichtelpapa der Runde. „Mahlzeit! Und vielen Dank!"

Das Essen war ausgezeichnet. Allerdings hatten sowohl Phio als auch Flora an diesem Abend nicht die Geduld, lange bei Tisch zu sitzen, denn natürlich wollten sie ihre neuen Spielsachen ausprobieren.

Da klopfte es am Fenster und vier große Augen blickten herein.

„Das wird Großvater sein!", riefen die Kinder und öffneten die Tür. Draußen standen tatsächlich Bruno und Brock, Arm in Arm, schlotternd vor Kälte.

„Kommt herein, ihr beiden! Ihr zittert ja vor Kälte. Ihr wart sehr lange unterwegs", sagte Pinka und half ihnen aus den Jacken. „Eine warme Suppe wird euch guttun."

„Ja, danke, Pinka. Die können wir wahrlich gebrauchen", bedankte sich Bruno und setzte sich vor den Kamin.

„Ihr habt einen Baum in eurer Stube?", fragte Großvater Brock erstaunt und schon wurde er vom begeisterten Phio über ihr schiefes Bäumchen aufgeklärt.

Nachdem sich die beiden alten Wichtelmänner aufgewärmt hatten, setzten sie sich zu Pinka, Lux, Omama und Opapa an den Tisch, denn es gab viel zu erzählen.

Während Flora ihre neue Puppe frisierte, wühlte Phio im

großen Geschenkpapierhaufen. Plötzlich rief er: „Da liegen noch zwei Geschenke. Mama, da liegen noch zwei Geschenke. Ein grünes und ein gelbes."

Pinka und Lux waren ebenso erstaunt wie ihre Kinder. Phio reichte Flora das gelbe und nahm sich selbst das grüne Paket. Schnell riss er das Papier herunter und zum Vorschein kam ein rotes Auto.

„Das ist ja toll!", schwärmte er und hob das Spielzeug staunend in die Luft. Dann setzte er es auf den Boden und rollte es vor und wieder zurück. „Du, Flora, schau, das kann alleine fahren", rief er begeistert, als er das Auto näher untersucht hatte. „Wahnsinn, das ist ja super! Wenn es an die Wand fährt, dann dreht es sich um." Phio war so fasziniert, dass er gar nicht bemerkte, was seine Schwester noch auspackte. Den restlichen Abend ließ er das Auto durch die Wurzelhöhle flitzen und vergaß den neuen Eisenbahnwaggon.

„Pinka, woher kommen diese Geschenke?", fragte Lux erstaunt und seine Frau antwortete: „Das weiß ich nicht. Ich habe sie nicht besorgt."

„Eigenartig", wunderte sich der Wichtelpapa, doch um niemandem die Freude zu nehmen, gingen die beiden nicht näher darauf ein.

Üblicherweise beschenkten sich die Wichtel zum Lichterfest gegenseitig mit selbst gemachten Kleinigkeiten und nur den Kindern wurde von den Englein eine Überraschung gebracht. Doch dass die Kinder ein zweites Geschenk bekamen, das war neu.

Es war schon sehr spät. Der Mond stand hoch am Himmel und die Sterne funkelten. Phio war zu aufgeregt, um zu bemerken, wie müde er eigentlich war, doch Flora war irgendwann mit ihrer Puppe im Arm vor dem Kamin eingeschlafen.

„Wir verabschieden uns jetzt", sagte Omama, als sie mit Pinka das Geschirr verräumt hatte. „Es war ein wundervoller Abend, ein zauberhaftes Fest. Vielen Dank!"

„Ich danke euch. Es war schön, dass ihr mit uns gefeiert habt", entgegnete Pinka und umarmte ihre Eltern. Lux half ihnen in ihre Jacken und begleitete sie mit einer Laterne bis zum Waldpfad, der ins Wichteldorf führte.

„Und du, kleiner Mann, ab ins Bett", sagte Pinka zu Phio.

Widerwillig folgte er dieser Aufforderung, schlüpfte dann aber doch unter seine Decke. Bruno trug derweil Flora in ihre Kammer, und als Lux wieder zurück in die Wurzelhöhle kam, war es schon ganz still.

„Ich bereite euch ein Nachtlager vor dem Kamin, wenn ihr möchtet. Oder ihr könnt in unserem Bett schlafen", bot Pinka Bruno und Brock an.

„Aber nein, meine Liebe, viele Jahre haben wir im Freien geschlafen. Eine Nacht auf einem warmen Fell vor dem knisternden Feuer ist eine Wohltat für uns", waren die beiden einer Meinung.

So dauerte es nicht lange, bis Stille einkehrte in der kleinen Wurzelhöhle unter der Fichte.

„Endlich habe ich Zeit, meine Post zu lesen", freute sich Pinka, als sie sich auf ihr Bett setzte. Zusammen mit Lux öffnete sie ein Kuvert nach dem anderen und erfreute sich an den lieben Zeilen ihrer Freunde. „Es ist schön, wenn andere an einen denken. Ich fühle mich so glücklich im Moment", seufzte Pinka und kuschelte sich in Lux' Arme.

„Auch ich bin glücklich. Über unsere wunderbare Familie", stimmte ihr Mann zu und gähnte herzhaft.

Dankbar über den gelungenen Abend schliefen die beiden zufrieden ein.

Die Schwitzhütte und das vergessene Geschenk

Am nächsten Tag schien die Sonne und lud trotz der Kälte dazu ein, die warme Wurzelhöhle zu verlassen. So beschlossen Lux und Pinka, mit Flora und Phio ins Wichteldorf zu gehen, um beim Aufräumen zu helfen.

„Großvater, kommst du auch mit?", fragte Phio, als er hinaus in den Garten ging.

Doch Brock war müde und meinte: „Gerne würde ich mich ein bisschen ausruhen und einfach in eurer schönen Wurzelhöhle bleiben."

„Ja, natürlich, Brock, ruhe dich gut aus", sagte Pinka und reichte Flora ihre Handschuhe.

„Und du, Onkel, kommst du mit?"

„Nein, Flora, auch ich werde mich etwas ausruhen und nach Hause in den TonTopf gehen. Aber wir werden uns bestimmt in den nächsten Tagen wiedersehen. Immerhin gibt es viel zu erzählen."

Zufrieden mit dieser Antwort spazierten Flora und Phio mit ihren Eltern ins Wichteldorf. Lux hatte einen Korb mitgenommen, in dem er frische Kleidung und ein großes Handtuch trug.

„Papa, ist es nicht viel zu heiß in dieser Schwitzhütte?", fragte Phio interessiert.

„Natürlich ist es dort zu heiß. Denn der Sinn einer Schwitzhütte ist ja, dass man ordentlich schwitzt", erklärte Lux.

„Aber ist das nicht eklig? Ich mag es gar nicht, wenn ich schwitzen muss."

„Nein, das ist sogar sehr gesund. Der Körper schwitzt dann Giftstoffe aus und die Haut wird ganz weich."

„Aber du bist dann sicherlich ganz stinkig, so wie nach der schweren Arbeit im Wald manchmal."

„Deshalb reibe ich mich nach der Schwitzhütte gut mit Schnee ab und springe für einen kurzen Moment in den Bach."

Flora erschauerte. Allein der Gedanke an den eisigen Bach bescherte ihr kalte Füße. „Nein, das wäre nichts für mich", sagte sie und Pinka stimmte ihr zu.

„Für mich auch nicht. Das ist nur etwas für starke Männer."

Als sie im Dorf ankamen, herrschte schon geschäftiges Treiben. Hilda begrüßte sie von Weitem: „Schön, dass ihr kommt. Wir machen gerade heißen Tee. Setzt euch zu uns!"

Pinka und die Kinder nahmen die Einladung gerne an, während Lux die Gelegenheit nutzte, um zu den anderen Wichtelmännern in die Schwitzhütte zu gehen.

Nachdem Flora und Phio ein paar Kekse genascht hatten, sahen sie, dass einige der anderen Kinder in der Nähe der Schwitzhütte ein Schneehaus gebaut hatten. „Dürfen wir mitspielen, Mama?", fragten sie, und als Pinka nickte, sausten sie los.

Sogleich wurden sie von Fabio und Margarita sowie den anderen Kindern begrüßt. „Willkommen in unserer Schwitzhütte!", riefen sie im Chor und Flora und Phio lachten. „Helft mit, wir sind gleich fertig!" Es dauerte nicht lange und die Wichtelkinder waren im Schneehaus verschwunden.

„Wir machen das wie die Männer. Wir sitzen in unserer Schwitzhütte und erzählen uns Geschichten. Dann rennen wir hinaus, rollen uns im Schnee, hüpfen über den Bach und setzen uns wieder hinein", erklärte Margarita.

„Das klingt super", lachte Flora und stellte sich ihren Papa vor, wie er es in der Schwitzhütte nebenan viel zu heiß hatte.

Die Kinder lachten und spielten, und als sie hörten, dass die Männer keuchend aus der heißen Hütte traten, krochen sie aus ihrem Schneehaus, rieben sich wie die Großen mit Schnee ab und liefen hinüber zum Bach.

Pinka und die anderen Frauen beobachteten das lustige

Treiben vom Feuerplatz aus und lachten herzlich. Es war ein komisches Bild. Alle rieben sich mit Schnee ab: einerseits die spärlich bekleideten, schwitzenden Wichtelmänner, andererseits die in dicke Jacken, Mützen und Handschuhe gehüllten Kinder. Dann liefen alle gemeinsam hinüber zum Bach. Die Männer sprangen hinein, die Kinder darüber. Und alle kicherten und lachten. Anschließend ging es wieder zurück. Die Männer schlüpften erleichtert in ihre heiße Schwitzhütte, die Kinder in ihr Schneehaus. Und es kehrte wieder Ruhe ein.

Dieses Spektakel wiederholte sich im Laufe des Vormittags noch zweimal und so waren nicht nur die Wichtelmänner nach dem Schwitzen ordentlich geschafft, sondern auch die Kinder.

„Das war anstrengend", meinte Lux, als er mit roten Wangen vor Pinka stand. „Aber es hat gutgetan. Ich habe viel nachgedacht und ich werde mit meinem Vater noch einmal über alle Dinge reden, damit wir darunter einen Schlussstrich ziehen können."

„Das klingt gut, Lux", strahlte Pinka.

„Was klingt gut?", rief Flora, die ebenfalls mit roten Wangen zu ihrer Mutter lief.

„Ach, Elterngespräche", erwiderte diese. „Hast du Hunger?"

„Oh ja", gestand Flora, „und Phio auch."

„Dann kommt, gehen wir nach Hause. Am Nachmittag könnt ihr mit den anderen vielleicht ein bisschen rodeln gehen."

Das war eine gute Idee. Flora und Phio verabredeten sich für den Nachmittag und gingen gemeinsam mit ihren Eltern nach Hause. Dort schlief Großvater Brock schnarchend auf dem Fell vor dem Feuer.

„Er muss wirklich sehr erschöpft sein", stellte Pinka fest und deckte ihn zu.

Großvater erwachte erst, als alle schon bei Tisch saßen und ihre Suppe löffelten. Und natürlich knurrte auch ihm der Magen. „Es ist schön, eine Familie zu haben. Ich bin so froh, dass ich bei euch sein kann", bekannte er dankbar.

„Und wir freuen uns, dass du da bist", erwiderten die Kinder.

In den nächsten Tagen war das Wetter wie immer. Die Sonne lachte vom Himmel und alle Bewohner des Wichtelwaldes waren gut gelaunt. Während die Erwachsenen die Zeit nutzten, um sich alte Geschichten zu erzählen, genossen es Flora und Phio, im Wald zu spielen und auf ihren Rodeln den steilen Hang zum Waldteich hinunterzusausen. Flora nahm ihre neue Puppe überallhin mit, doch Phio hatte nur noch Augen für sein neues Auto.

Die Holzeisenbahn war einige Tage nach dem Fest wieder in der Schachtel unter dem Bett gelandet. Der Wichtelbub dachte nicht mehr daran, dass er sich vor wenigen Wochen noch sehnlichst einen neuen Waggon gewünscht hatte.

Doch dann schlug das Wetter um, es wurde ungewöhnlich warm und begann zu regnen. Die Wichtelkinder waren gezwungen, in der Höhle zu bleiben, und so hatten sie genügend Zeit, sich wieder ihren Geschenken zu widmen. Flora badete ihre Puppe, zog ihr neue Kleider an und frisierte sie. Sie las ihr Geschichten vor und hatte den ganzen Tag damit zu tun, ihr Puppenkind zu verwöhnen. Phio spielte mit seinem Auto. Er ließ es durch die Wurzelhöhle flitzen, bewunderte, wie es sich umdrehte und selbstständig zurückkam, aber zufrieden schien er nicht zu sein.

„Das macht keinen Spaß, Mama", sagte er mürrisch. „Das Auto spielt eigentlich ohne mich."

„Bau doch einen Turm aus deinen Bauklötzen oder mal ein schönes Bild", schlug die Wichtelmama vor, als Phio zerknirscht zwischen ihren Füßen in der Küche herumturnte.

„Nein, ich mag nicht malen. Und ich mag auch keinen Turm bauen. Mir ist sooo langweilig!", raunzte er. „Ich habe überhaupt keine tollen Sachen."

„Das stimmt nicht, Phio, du hast in deiner Kammer viele tolle Spielsachen. Bau ein Tannenzapfenpuzzle oder schnitze etwas aus dem Holz ..."

„Alles blöd!"

„Ich glaube, du weißt vor lauter Möglichkeiten gar nicht mehr, was dir überhaupt noch Freude macht."

Flora, die ganz in ihr Spiel vertieft war, bemerkte nicht, wie unglücklich ihr Bruder war. Fröhlich sang sie ihrer Puppe etwas vor. „Kannst du nicht endlich still sein?", schimpfte Phio und stampfte voller Wut durch die Wohnstube.

„Ich singe doch nur", entgegnete Flora gut gelaunt.

„Das soll singen sein? Ich höre nur Quietschtöne!", fauchte ihr Bruder und grinste ihr schelmisch ins Gesicht.

Flora hielt einen Moment inne. Ihre gute Laune änderte sich im Nu. „Du sagst so etwas? Wo du doch gar nichts kannst? Du kannst selber nicht singen. Und du kannst nicht Flöte spielen. Und überhaupt kannst du nichts!"

Da mischte sich Pinka in den Streit der beiden ein. „Flora, was sagst du da? Das stimmt doch gar nicht."

„Immer hältst du zu ihm!", schrie ihr ihre Tochter enttäuscht entgegen, nahm ihre Puppe und ging in ihre Kammer.

„Flora", rief Pinka ihr nach, „so war das nicht gemeint!" Aber diese schlug mit einem lauten Knall die Tür zu. „Phio, mit deinem Ärger verdirbst du allen die gute Laune. Vielleicht solltest du ein bisschen in den Garten gehen", versuchte die Wichtelmama eine Lösung zu finden.

Doch ihr Söhnchen fühlte sich sofort angegriffen und brüllte: „Du schickst mich in den Regen? Du hast mich gar nicht mehr lieb! Niemand mag mich und ich kann gar nichts." Tränen des Zorns rannen über seine Wagen. Pinka wollte ihn in den Arm nehmen, doch darauf hatte Phio keine Lust. „Lass mich in Ruhe!", fauchte er und lief in seine Kammer.

Dort wollte er sich mit Schwung auf sein Bett werfen, doch er stieß sich an einer Kiste den Zeh. Nun brüllte er noch lauter. Sofort kam Pinka angerannt und auch Flora machte sich Sorgen und trat aus ihrer Kammer.

„Mein Zeh! Mein allerliebster Zeh!", weinte Phio und hielt sich vor Schmerz den Fuß. „Diese dumme Kiste steht einfach im Weg!", schimpfte er weiter und Pinka versuchte, mit mütterlicher Liebe den Schmerz wegzuzaubern.

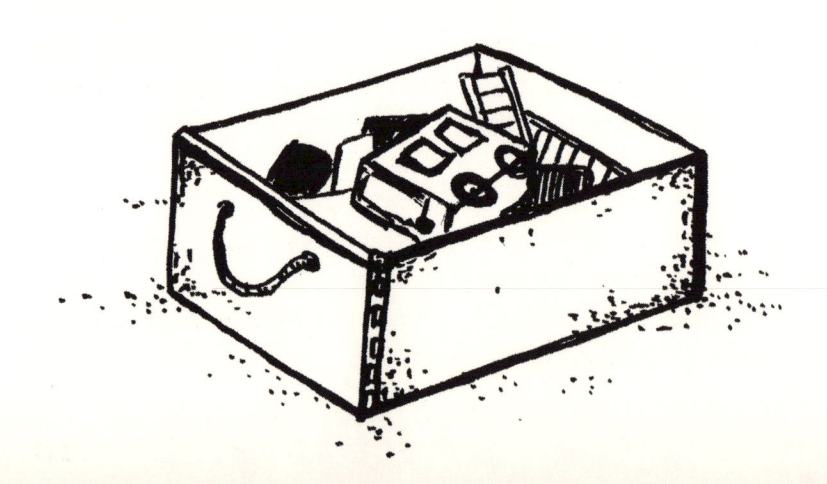

Flora bückte sich derweil, um den Übeltäter unter das Bett zu schieben, und entdeckte obenauf den kleinen roten Waggon. Stolz hielt sie Phio ihren Fund unter die Nase. Prompt war der Schmerz wie weggeblasen. „Oh, mein Waggon! Mein roter Waggon!" Endlich konnte der kleine Wichtelbub wieder lachen. Und mit ihm seine Schwester und die Wichtelmama. „Danke, Flora, du hast meinen Waggon gefunden", sagte Phio, sprang auf und nahm jenen an sich.

„Danke, meine Kleine", raunte auch Pinka ihrer Tochter zu und schob sie sanft aus Phios Kammer. „Ich denke, jetzt hat er etwas zum Spielen gefunden."

„Den hab ich ganz vergessen", sagte Phio und lächelte seinen Waggon an. Er bewunderte ihn und war erstaunt über sich selbst. Wie hatte er den schönen Waggon einfach vergessen können?

Während Flora sich wieder ihrer Puppe widmete, ging Pinka zurück in die Wohnstube. Phio blieb in seiner Kammer und leerte mit Freude den Inhalt der Kiste aus. Geduldig baute er eine Strecke aus den Gleisen und setzte die Lok darauf. Und dann kam er zum Einsatz, der rote Holzwaggon.

„Alles aufladen!", hörte Pinka ihren kleinen Buben rufen und schon wurde die erste Ladung Holzscheite auf den Waggon gehievt.

Pinka freute sich, dass Phio zufrieden war, und den restlichen Nachmittag über war alles, was man aus Phios Kammer hörte, „Zisch", „Utschtsch" oder zufriedenes Lachen.

So verging der regnerische Tag und beim Abendessen erzählte der kleine Wichtelbub voller Begeisterung: „Mama, ich hab alles aufgebaut, was ich habe. Eine ganze Welt. Die Holzeisenbahn fährt durch diese Welt. Und der rote Waggon nimmt die Tannennadelmännchen mit."

„Phio, das klingt wunderbar!"

„Und einmal, Mama, da ist der Zug mit dem Elefanten zusammengestoßen. Das war wild! Der Waggon ist umgefallen ..." Phio erzählte und erzählte.

Pinka und auch Flora freuten sich mit Phio, dass er sein Geschenk doch noch genießen konnte.

Kranke Wichtelkinder

Das regnerische Wetter hielt nicht lange an. Schon nach kurzer Zeit bedeckten wieder dicke, weiche Flocken den Wichtelwald und die Kinder hatten allen Grund, sich auf die herannahenden Ferien zu freuen. Und dann war es endlich so weit. Die Wichtelschule schloss ihre Pforten und alle Wichtelkinder strömten in den verschneiten Wald hinaus, um die Winterferien zu genießen. Auch Flora und Phio hatten schon eifrig Pläne geschmiedet, was sie in den kommenden 14 Tagen alles tun wollten. „Natürlich werden wir ganz viel mit den Rindenrodeln flitzen", meinte Flora begeistert, als sie durch den Schnee nach Hause zur großen Fichte stapften.

„Und vielleicht gehen wir Schi fahren! Und ich möchte so gerne die Rehe füttern", ergänzte Phio, „und natürlich Omama besuchen."

„Ja, genau, das klingt gut. Und dann möchte ich noch unten am Waldteich eislaufen gehen. Und natürlich Großvater Brock unseren schönen Wald zeigen."

Flora und Phio malten sich also schon einige wunderschöne Tage in ihrem geliebten glitzernden Wichtelwald aus.

An diesem Nachmittag zogen sie ihre Rindenrodel hinüber zum steilen Hügel. Auch Großvater Brock war mitgekommen und bewunderte, mit welcher Ausdauer die Kinder immer wieder den Hügel hinaufkletterten, um anschließend unter lautem Kreischen wieder herunterzusausen.

„Das schaut nach sehr viel Spaß aus!", rief er Flora und Phio zu. Und wie das manchmal bei Kindern so ist, fühlten sich diese aufgefordert, noch ein bisschen mehr zu riskieren.

„Wir bauen eine Schanze", schlug Phio vor und innerhalb kürzester Zeit hatten sie gemeinsam mit ihren Freunden einen Schneehaufen aufgeschüttet, über den sie mit ihren Rodeln springen wollten.

„Das sieht aber gefährlich aus", mahnte Großvater, doch seine Aussage wurde von den Kindern überhört. Mit Feuereifer kraxelten sie wieder den steilen Hang hinauf und reihten sich in der Schlange ein.

„Ich fahre als Erster!", rief Phio vergnügt und sprang mit Schwung auf seine Rodel.

Großvater Brock kniff die Augen zusammen, doch Phio sprang mit seiner Rindenrodel über die Schanze, als habe er in seinem Leben nie etwas anderes getan. Unten angekommen lachte und kicherte er, doch gleichzeitig rieb er sich seinen schmerzenden Popo.

„Du bist aber ein wildes Kerlchen", schmunzelte Großvater. „Ich werde jetzt nach Hause gehen. Mir ist das ein bisschen zu gefährlich. Kommt nicht zu spät, ja?"

„In Ordnung, Großvater", sagte Phio, schnappte sich seine Rodel und stieg den Hügel wieder hinauf.

Nun war Flora an der Reihe. Mutig nahm auch sie Schwung und zischte auf die Schanze zu. Mit einem Mal riss es die Rodel in die Luft und mit ihm das kleine Wichtelmädchen. Dieses rollte die letzten Meter den steilen Hang hinunter und blieb erschrocken liegen. Alle waren still. Es dauerte einen Moment, bis Flora wieder aufstand und in lautes Gelächter ausbrach. Erleichtert lachten auch die anderen Wichtelkinder und zischten eines nach dem anderen den Hang hinunter.

„Phio, das ist soooo toll!", kicherte Flora und kletterte zusammen mit ihrem Bruder noch viele weitere Male den Hügel hinauf.

So verging der Nachmittag und die Sonne versank langsam hinter den Baumwipfeln. Irgendwann verließ Phio die Lust am Rodeln, doch Flora versuchte ihn anzuspornen.

„Komm, wer schneller oben ist! Das macht Spaß, oder?"

„Ja, stimmt schon, aber ich bin langsam ein bisschen müde. Und meine Füße sind kalt", gestand Phio seiner großen Schwester.

„Ach", meinte diese, „sei nicht so! Das hältst du schon aus. Meine Füße sind auch ganz kalt."

„Meinst du? Sie sind auch ein bisschen nass. Mama wird bestimmt schimpfen, wenn ich nicht nach Hause komme, obwohl meine Füße nass sind. Lass uns lieber gehen, Flora."

„Na gut, nur noch einmal ...", bettelte diese und so rutschten die Geschwister ein letztes Mal den Hang hinunter.

Als sie endlich zu Hause angekommen waren, schimpfte die Wichtelmama Pinka gar nicht. Sie packte lediglich ihre beiden Kleinen und steckte sie in ein heißes Bad mit Waldkräutern, damit sie sich nicht verkühlten. „Ich weiß schon, dass das Rutschen lustig und toll ist, aber mit nassen Füßen, eiskalten Händen und tropfenden Näschen solltet ihr beim nächsten Mal lieber etwas früher nach Hause kommen", mahnte Pinka.

„Ja, versprochen, Mama. Aber heute war es einfach so toll. Wir haben eine Sprungschanze gebaut", erzählte Flora begeistert.

„Ja", meinte Pinka, „Großvater hat mir das schon berichtet. Trotzdem geht die Gesundheit vor!"

„Aber, Mama, es sind Ferien", erwidert Flora beschwichtigend.

„Wie gesagt, ich verstehe euch. Es ist einfach zauberhaft draußen im Wald. Trotzdem ist es wichtig, dass man darauf achtet, was der Körper einem meldet. Wenn er zum Beispiel sagt: Achtung, ich habe kalte nasse Füße, dann ist es Zeit, nach Hause zu kommen."

„Ja, Mama", murmelten die Kinder im Chor und Pinka merkte, dass sie ihnen die Freude genommen hatte.

Schnell versuchte sie, ihre Laune wieder zu bessern, und schlug vor: „Wisst ihr was, morgen könnten wir zum ersten Mal hinüber zur großen Eiche gehen, um die Schilfrohrschier auszuprobieren. Was haltet ihr davon?"

Ein lautes „Juchu!" dröhnte durch die Wurzelhöhle und Großvater, der auf seinem Fell vor dem Feuer ein Nickerchen gemacht hatte, öffnete verschlafen die Augen. „Das klingt, als freue sich jemand gerade sehr", stellte er fest und setzte sich auf.

In diesem Augenblick kam Lux zur Tür herein und fragte: „Wer freut sich sehr?"

„Ich denke, die Kinder. So hat es zumindest geklungen", antwortete der alte Wicht.

Neugierig schlenderte Lux zur Waschstube. „Hier klingt es verdächtig nach Freude", sagte er und streckte den Kopf zur Tür hinein.

„Ja, Papa. Mama hat gesagt, wir werden morgen die neuen Schier ausprobieren!", jubelte Flora.

„Hatschi ... genau", pflichtete Phio seiner Schwester bei.

„Oh je, was höre ich denn da?", fragte Pinka.

„Phio musste niesen, Mama", sagte Flora wissend.

„HATSCHI!", erklang es erneut.

„Ach, Phio, komm heraus aus dem Eichenfässchen. Ich trockne dich ab und reibe dich gleich mit Thymiancreme ein. Und dazu bekommst du einen guten Salbeitee. Nicht, dass du mir krank wirst."

„Salbeitee? Den mag ich aber gar nicht", jammerte Phio.

Doch die Mutter erwiderte: „Den werden wir mit Tannenwipfelhonig süßen, dann wird er auch dir schmecken. Und Flora darf natürlich auch einen haben ..."

„Iiiiiigitt! Warum denn, ich niese doch gar nicht!", entgegnete diese sofort.

„Das macht nichts. Ein bisschen Wärme von innen schadet auch dir nicht", erklärte der Wichtelpapa.

Zusammen kuschelte sich die kleine Wichtelfamilie vor den Kamin, sie tranken den Tee, aßen ein paar Brote und es dauerte gar nicht lange, bis die Kinder eingeschlafen waren.

„Das wird ein Spaß werden!", freute sich Pinka auf den nächsten Tag. „Ich werde gleich alles herrichten, damit wir früh starten können."

Während sie eifrig warme Winterkleidung, die Eichelhelme und die Schilfrohrschier zurechtlegte, begannen Lux und Brock, den Weihnachtsbaum abzuschmücken. „Da werden die Kinder aber Augen machen", meinte Pinka, als sie das leere Bäumchen in der Stube stehen sah.

„Na ja, er beginnt, auszutrocknen und die Nadeln abzuwerfen. Damit wird es gefährlich wegen des Feuers. Ein Funke und der Baum brennt lichterloh. Ich möchte ihn in den Garten stellen. Leider habe ich zu wenig nachgedacht. Ich hätte ihn ausgraben sollen, nicht absägen", ärgerte sich Lux.

„Na ja, vielleicht stellst du den Baum in einen Kübel mit Wasser und dann ins Gartenhaus. Bruno hat sicher ein Wachstumselixier. Wir könnten probieren, ob er nicht noch einmal Wurzeln schlägt", schlug Brock vor.

„Vater, das ist eine ausgezeichnete Idee!"

Gesagt, getan. Gemeinsam versorgten die Wichtelmänner das trockene, schiefe Bäumchen und gingen zufrieden und voller Vorfreude auf den kommenden Schitag zu Bett.

Doch die kleine Wichtelfamilie sollte bitter enttäuscht werden. Als der Morgen graute, begann Pinka, eine deftige Jause für ihren Ausflug herzurichten. Da hörte sie ein Krächzen aus Phios Kammer.

„Mama? Mama?"

„Phio? Bist das du?", fragte die Mutter und eilte hinüber zu ihrem kleinen Wichtelbuben.

Er lag im Bett, die Decke bis über beide Ohren gezogen. „Mama, mir ist kalt und mein Hals tut weh."

„Oh je, armer Phio. Lass mich mal deine Stirn angreifen ... ja, das fühlt sich nach Fieber an, kleiner Mann. Komm, ich deck dich ganz fest zu. Du bleibst heute besser im Bett und ich richte dir einen guten Halswehtee, hm?"

„Aber das Schifahren?" Phio hatte Mühe beim Sprechen. Der Hals kratzte und auch der Kopf tat ihm weh. Alles in allem fühlte er sich miserabel. Und doch merkte man, dass er ein kleiner abenteuerlustiger Wichtelbub war, denn das Schifahren hatte er nicht vergessen.

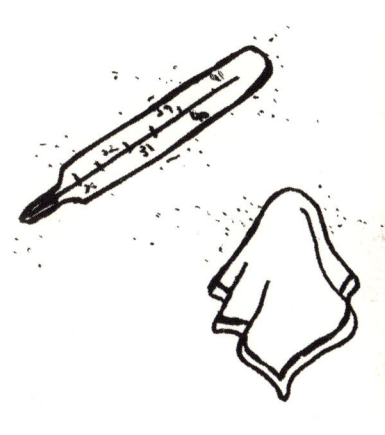

„Ich glaube, das müssen wir wohl um ein paar Tage verschieben", sagte Lux, der besorgt neben Pinka aufgetaucht war.

Diese meinte: „Phio hat sich gestern offenbar doch ein bisschen verkühlt. Ein paar Tage Ruhe und alles wird gut. Mein Kleiner, bleib im Bett, ich bringe dir den Tee und ein gutes Haselnussbrot. Hast du Lust?"

„Nein, Mama, ich mag gar nichts essen." Pinka streichelte ihrem kleinen Wichtelbuben über den Kopf und huschte in die Küche, um Tee zu kochen.

Es dauerte nicht lange, da sah Pinka Floras Wuschelkopf. „Mama, ich fühle mich heute komisch. Mein Kopf tut mir weh. Und meine Nase kitzelt."

„Oh je, Flora, das klingt nicht gut. Phio liegt mit Fieber im Bett und ich vermute, er ist nicht der Einzige, der sich verkühlt hat. Magst du dich ein bisschen in der Stube auf die Bank legen? Ich hole deine Decke und bringe dir einen Tee. Hast du Hunger?"

„Nein, keinen Hunger", raunzte Flora und begann heftig zu husten.

„Ojemine, ojemine. Das wird heiter werden", stöhnte Pinka leise und rührte Tannenwipfelhonig in den Tee.

Als beide Kinder mit Tee und wärmenden heißen Kieselsteinchen fürs Bett versorgt waren, frühstückten Lux, Pinka und Brock die Ausflugsjause.

„Das ist schade", meinte die Wichtelmama. „Da werden wir wohl einige Tage zu Hause bleiben müssen."

„Kopf hoch, Liebling, bei Kindern geht das ganz schnell. Du wirst sehen, am Ende der Woche können wir unseren Ausflug bestimmt schon nachholen. Ich gehe jetzt in den Wald, um Bruno um ein Wachstumselixier für unser Bäumchen zu bitten. Dann komm ich nach Hause und sehe, ob ihr etwas braucht", verkündete Lux, gab seiner Frau einen Kuss und huschte hinaus in den verschneiten Wald.

Pinka hatte den ganzen Tag alle Hände voll zu tun. Gut, dass Großvater Brock da war und ihr half, den Kindern Taschentücher zu bringen, Fieber zu messen, Tee zu kochen, Füße zu massieren und Geschichten vorzulesen. So verging der Tag und alle waren guter Dinge, dass morgen alles wieder in Ordnung sein würde.

Doch auch am nächsten Tag ging es den beiden Kindern nicht sehr viel besser. Pinka und Lux kümmerten sich liebevoll um ihre zwei Sprösslinge und so kam es, dass Flora bereits am dritten Tag wieder gute Laune hatte und sich gesund fühlte. Bis auf ein wenig Husten und eine rinnende Nase war sie wieder völlig fit und wäre am liebsten gleich hinaus zum Rodelhang gesaust. Doch Pinka behielt sie noch einen weiteren Tag in der Wurzelhöhle, wo sie mithalf, sich um den noch immer fiebrigen Phio zu kümmern.

„Warum ist er denn nicht auch schon gesund?", fragte Flora am Abend, als es Zeit war, zu Bett zu gehen.

„Das weiß ich leider nicht. Aber wahrscheinlich wird er morgen endlich fieberfrei sein", entgegnete Pinka.

„Hoffentlich", meinte Flora und sauste in die Waschkammer, um noch einmal ordentlich zu gurgeln, bevor es ab ins Bett ging.

Doch auch am vierten Morgen war Phio nicht gesund.

„Liebling, das ist schon eigenartig. Er mag nichts essen, nichts spielen, nicht aufstehen ... er mag eigentlich gar nichts", sorgte sich Pinka.

„Hat denn Brunos Kräutermischung nicht geholfen?", erkundigte sich Lux.

„Nein, nicht wirklich. Phios Husten bereitet mir mittlerweile richtige Sorgen. Meinst du, wir sollten zu Dr. Waldbart fahren?"

„Das ist eine gute Idee. Bitte zieh du die Kinder warm an, dann richte ich derweil die Rindenrodel her. So können wir Phio durch den Wald ziehen und er kann dabei liegen bleiben."

Eine halbe Stunde später verabschiedeten sie sich von Großvater und stampften durch den verschneiten Wald. Phio lag gut eingepackt auf der großen Rindenrodel und man sah ihm an, dass er diese Fahrt nicht wirklich genießen konnte.

Dr. Waldbart hatte eine kleine Arztpraxis gleich hinter dem Waldteich. Als sie dort ankamen, warteten nur eine Koboldfamilie mit vier hustenden Koboldkindern und eine kleine Elfe mit tropfender Nase.

„Komm, Phio, Papa trägt dich hinein", sagte Pinka.

„Ich mag nicht zum Doktor. Mir fehlt nichts ... hatschi!", raunzte Phio und musste lautstark husten.

„Es nützt aber nichts. All meine Hausmittel helfen dir nicht. Ich bin mit meiner Weisheit am Ende. Jetzt ist es Zeit, dass Dr. Waldbart dich untersucht. Er hat bestimmt eine Medizin für dich, dann wird es dir wieder besser gehen", erklärte Pinka geduldig.

„Mama, ich mag aber nicht", flüsterte Phio ängstlich. Aber es half nichts, der kleine Wichtelbub musste zum Arzt.

Während Papa und Flora in der Warteecke ein Buch lasen, begleitete Mama ihren Sohn hinein.

„Grüß Gott, wie kann ich Ihnen helfen, liebe Frau Pinka?", fragte der Doktor. Er war ein älterer Wichtel mit weißem Bart, hatte ein freundliches Gesicht und Phio entdeckte sofort, dass auf seinem Tisch ein großes Glas mit süßen Waldbeerdrops stand. So beschloss er, tapfer zu sein.

„Grüß Gott, Herr Doktor. Unser Phio ist schon seit fast einer Woche sehr verkühlt. Er hat Fieber, Schnupfen und einen ganz wilden Husten."

„Na, dann werden wir uns den kleinen Mann einmal ansehen", sagte der Arzt und begrüßte nun auch Phio mit einem kräftigen Handschlag. „Bitte zieh doch mal deinen schönen Pullover aus. Ich möchte dich gerne abhören."

Phio zog mit Pinkas Hilfe seinen Pullover und das Leiberl aus. Der Arzt hörte ihn ab, schaute in seine Ohren, in seinen Hals und am Schluss musste Phio noch einmal ganz laut husten.

„Fertig, das hast du gut gemacht, Phio", lobte ihn Dr. Waldbart. „Bitte sei so gut und zieh dich wieder an. Nun, Frau Pinka, ich vermute, dass Phio schon seit Tagen brav Tee mit Tannenwipfelhonig trinkt, Hollunderbeersirup und Salbeitinktur einnimmt und Sie ihn mit Thymiancreme einschmieren?"

„Ja, natürlich, Herr Doktor. All das hat bei unserer Flora auch genützt, sie ist längst wieder gesund. Nur unser Phio kommt nicht wirklich auf die Beine."

„Ja, ich habe festgestellt, dass er sich wirklich eine richtige Winterzeitverkühlung eingefangen hat. Mit dieser Art Verkühlung ist nicht zu spaßen. Ich gebe Ihnen jetzt eine ganz spezielle Kräutermischung mit. Bitte bereiten Sie aus dieser Mischung einen Tee, kochen Sie ihn auf und sorgen Sie dafür, dass Phio den Dampf ordentlich inhaliert. Mindestens dreimal am Tag sollte er das machen. Und dann schreibe ich noch ein Rezept für Tautropfenpastillen. Diese wecken die Lebensgeister und sorgen dafür, dass Phios Körper ordentlich mithilft beim Gesundwerden."

„Vielen Dank, Herr Doktor! Können Sie mir zufällig sagen, wie lange die Elfenapotheke heute offen hat?"

„Wenn Sie sich beeilen, dann schaffen Sie es noch vor der Mittagspause. Ich wünsche dir alles Gute, lieber Phio."

„Danke", entgegnete dieser, den Blick auf das Glas mit den Waldbeerdrops gerichtet.

„Oh, wie mir scheint, fehlt deinem Magen nichts. Möchtest du gerne einen Waldbeerdrop?", fragte Dr. Waldbart seinen kleinen Patienten.

„Oh ja, sehr gerne", krächzte der und griff ins Glas. „Darf ich für Flora auch einen haben, bitte?"

„Ja, natürlich, nimm für deine Schwester auch einen mit", antwortete der Doktor und reichte Pinka die Hand zum Abschied.

Zusammen verließen die vier Wichtel die Praxis und marschierten quer durch den Wald zur Elfenapotheke. Diese lag zwischen den großen Felsen tief im Wald.

„Wartet bitte kurz hier draußen, ich bin gleich wieder da", sagte Lux.

„Nein, Papa, ich muss unbedingt mit", rief Flora und sprang ihrem Vater hinterher, als Lux bereits die große, schwere Holztür der Apotheke öffnete.

Es erklangen helle Glöckchen und eine kleine Elfe schaute hinter einem der großen, schön verzierten Regale hervor. „Wie kann ich Ihnen helfen?", fragte sie mit einem zauberhaft hellen Stimmchen.

„Bitte schön", sagte Lux und reichte der Elfe das Rezept von Dr. Waldbart. „Wir bräuchten Tautropfenpastillen."

„Ja, gerne, einen Moment, bitte." Die wunderschön verzierten Flügel der Elfe begannen sich zu bewegen und langsam schwebte sie die Regale entlang.

Flora kam aus dem Staunen gar nicht mehr heraus. Jedes der Regale hatte eine andere Farbe und war geschmückt mit gravierten Blumen und Gräsern. Große und kleine Gläser, gefüllt mit den herrlichsten Beeren des Waldes, und Tontöpfe in allen Formen und Größen standen in den Fächern. Von der Decke hingen Bündel aus getrockneten Kräutern und Blumen und es duftete herrlich nach einer Mischung aus Sommer und frischem Kuchen. Auf der Theke standen eine Waage und einige große Messbecher mit Löffeln, Spateln und Schöpfern. Ein Stapel Papier zum Verpacken der Medizin und ein Stift für die Beschriftung lagen daneben. Doch das Zauberhafteste überhaupt war, dass die Luft im Raum zu glitzern schien.

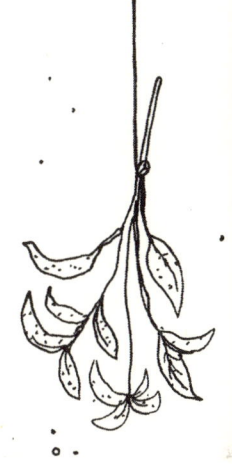

„Bitte", sagte die kleine Elfe und reichte Lux ein paar in Papier eingewickelte Tautropfenpastillen. „Jeden Tag eine Pastille langsam im Mund zergehen lassen. Am dritten Tag wird sich der Patient wieder ganz gesund fühlen. Kann ich sonst noch etwas für Sie tun?"

„Vielen Dank, nein! Damit ist uns schon sehr geholfen", erwiderte Lux.

„Kleines Fräulein, wie ich sehe, gefällt dir die Apotheke?", wandte sich die Elfe an Flora.

„Oh ja, wirklich", sagte diese schüchtern.

„Wenn du möchtest, kannst du gerne im Frühling einmal einen Tag zu uns kommen. Dann darfst du gerne mithelfen, wenn wir unsere Vorräte durchzählen und uns vorbereiten für die Herstellung neuer Medizin."

„Ja! Darf ich, Papa? Das möchte ich so gerne", jubelte Flora.

„Natürlich, mein Mädchen", schmunzelte Lux. „Aber komm jetzt, wir sollten schleunigst nach Hause fahren, damit es Phio nicht zu kalt wird draußen auf der Rodel. Vielen Dank, Sie haben Flora eine große Freude gemacht."

„Gerne. Flora, du kommst einfach, sobald der Frühling beginnt, ja? Ich freue mich auf dich", sagte die kleine Elfe.

„Ja, das werde ich auf jeden Fall machen", freute sich Flora.

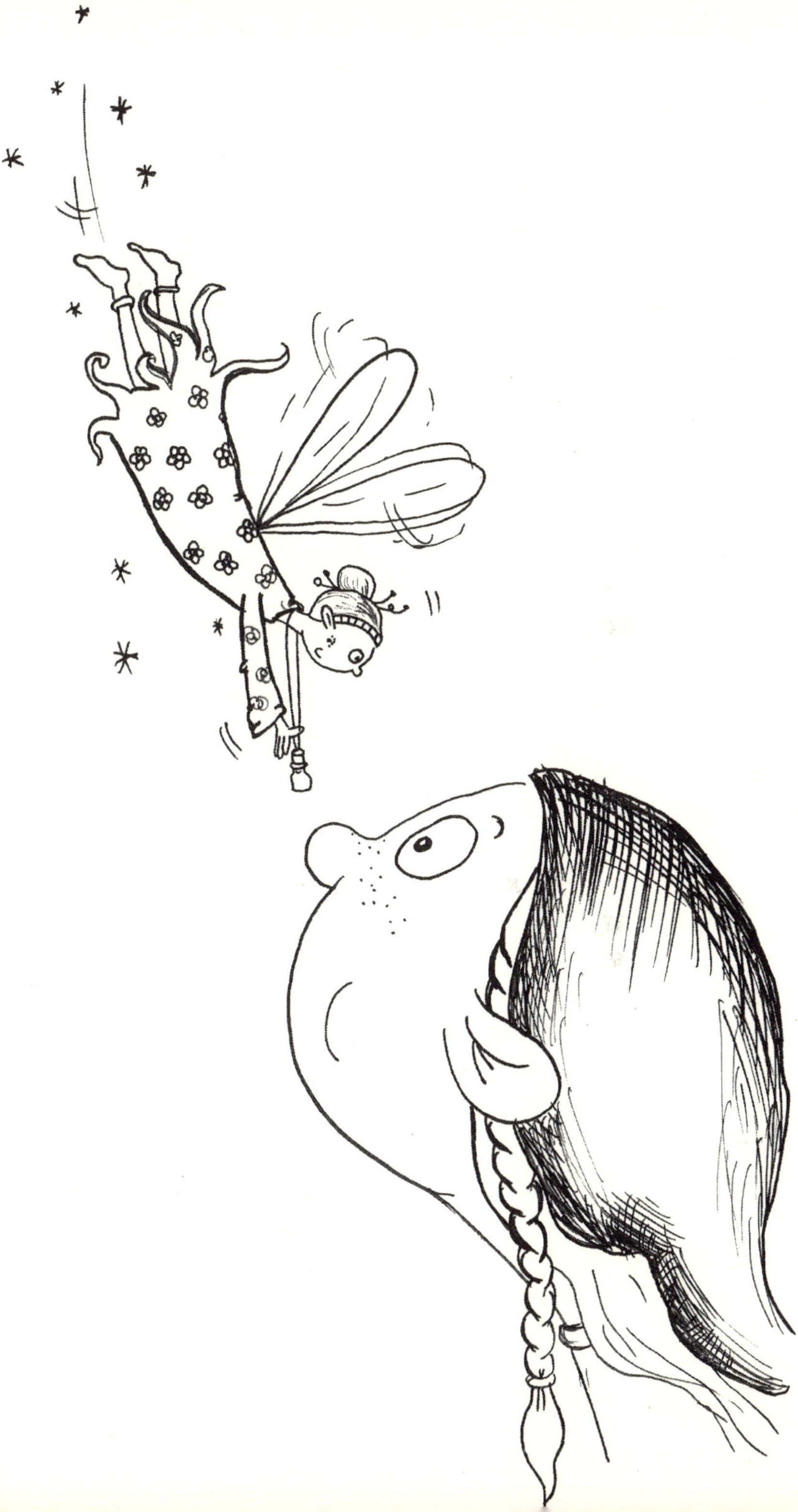

Mit zügigen Schritten gingen sie anschließend nach Hause zur großen Fichte. Phio und Flora waren dick in Decken eingehüllt und genossen die Fahrt durch den verschneiten Wald.

Als sie angekommen waren, bettelte Flora: „Darf ich noch ein bisschen im Garten sein, bitte? Ich würde so gerne etwas bauen ..."

„Na gut, aber komm bitte hinein, wenn dir kalt wird. Nicht, dass du dich noch einmal verkühlst", mahnte Pinka, als sie Phio von der Rindenrodel half. Er war müde geworden und schon fast eingeschlafen. „Kleiner Mann, komm, ich trage dich hinein und richte dir ein kuscheliges, weiches Plätzchen am Fenster. Dann kannst du Flora zuschauen, wie sie einen Schneewicht baut. Magst du?"

„Ja", antwortete Phio schlaftrunken.

Während der Wichtelpapa die Rodel zurück in den Verschlag stellte, baute Flora gemeinsam mit Großvater einen großen Schneewicht. Phio, der drinnen vor dem Fenster lag, schaute ihnen dabei zu. Er schlürfte einen heißen Sanddorntee und wartete darauf, dass Mama alles für das Inhalieren vorbereitet hätte.

„Die Kräuter von Dr. Waldbart werden dich ganz schnell gesund machen, Phio, dann kannst du mit Flora wieder draußen spielen", tröstete Pinka ihren kleinen Wichtelbuben, als sie sah, wie traurig seine Augen glänzten.

„Meinst du, Mama? Ich mag nicht mehr krank sein", hauchte er und musste lautstark husten.

Pinka nahm ihn in den Arm und sagte: „Kopf hoch, du bist ein starkes Kerlchen, wir inhalieren jetzt und dann darfst du ein Kräuterbad nehmen. Danach reibe ich dich noch einmal fest mit der Thymiancreme ein. Und am Abend bekommst du die Tautropfenpastille. Sie wird deinem Körper Kraft geben, damit er wieder gesund wird."

„Gut", stimmte Phio zu und nahm noch einen großen Schluck.

Und wirklich kam alles so, wie es Pinka ihrem kleinen Sohn gesagt hatte. Das Inhalieren, das Bad, das Eincremen und die Elfenpastille halfen so gut, dass Phio die ganze Nacht tief und fest schlafen konnte, ohne dass er auch nur einmal wegen des starken Hustens aufgewacht wäre. Eine der besten Voraussetzungen für das Gesundwerden.

Am nächsten Tag war es Phio, der als Erstes aus seinem warmen Bett krabbelte und lautstark quer durch die Wurzelhöhle rief: „Ich habe Hunger!"

Großvater Brock schreckte aus dem Schlaf hoch und schaute den kleinen Buben ernst an. „Das ist schön. Aber doch nicht jetzt!"

„Sicher, jetzt, Großvater", kicherte Phio und sauste zur Schlafkammer seiner Eltern. Noch einmal versuchte er sein Glück mit einem lauten „Ich habe Hunger".

„Es scheint so, als würde es Phio heute besser gehen", murmelte Pinka schlaftrunken und stupste Lux an. „Er ist dein Bub, magst du ihm ein Frühstück machen, ja?"

Während sich Lux noch überlegte, ob er jetzt zu dieser frühen Stunde aufstehen wollte, sprang Phio schon auf das Elternbett. „Ich hab Hunger! Ich hab Hunger!", rief er lautstark und hüpfte vergnügt auf und ab.

„Na gut, na gut! Komm, gehen wir in die Küche", gab Lux nach und stapfte mit Phio hinüber zur Kochstelle, um ein Frühstück für die ganze Familie vorzubereiten.

Auch am Vormittag war der kleine Wichtelbub guter Dinge, er inhalierte brav, ließ sich eincremen und nahm wieder eine Tautropfenpastille.

„Aber ich möchte auch so gerne hinaus!", jammerte er, als Flora mit Lux rodeln ging. „Ich bin doch schon so gesund. Ich bin nicht mehr krank." Aber Pinka behielt Phio noch einen Tag bei sich in der Wurzelhöhle.

„Du darfst vielleicht schon morgen hinaus in den Schnee. Heute kannst du mir beim Kochen helfen. Ja?"

„Nein, das will ich nicht. Ich will rodeln", meinte Phio trotzig.

Pinka antwortete versöhnlich: „Schau, Phio, dein Körper ist noch schwach nach dem langen Fieber und dem Husten, er muss sich erst langsam wieder an die Anstrengungen gewöhnen. Weißt du was, du kannst heute zwar nicht rodeln, aber ich denke, wir können am Nachmittag einen ersten Spaziergang zur Waldlichtung machen. Ja?"

„Na gut, aber morgen will ich rodeln."

„Ja, wenn du dich nach dem Spaziergang fit fühlst, steht dem nichts im Wege."

Während Lux und Flora unterwegs zum steilen Hang am Waldteich waren, spazierten Pinka und Phio durch den verschneiten Wald. Sie fütterten die Eichhörnchen und befreiten die Futterstelle der Rehe vom vielen Schnee.

Als sie wieder zu Hause waren, wollte Phio mit seiner Mama kochen.

„Geh dir schnell die Hände waschen", bat die Wichtelmama, während sie schon alles vorbereitete.

„Gut", meinte Phio, wusch sich die Hände und ging in seine Kammer, um die dicke Wollhose auszuziehen. Für einen Moment setzte er sich aufs Bett und es dauerte nicht lange, da fiel er in einen erholsamen Schlaf. Pinka musste lächeln, als sie ihren kleinen Buben so schlafend vorfand. Sie legte ihn nieder, deckte ihn zu und wusste, dass alles genau richtig war – er würde sich gesund schlafen.

Als Phio wieder erwachte, war das Essen schon gekocht und Flora und der Wichtelpapa waren vom Rodeln zurück. Auch Großvater Brock war von einem Spaziergang zum TonTopf heimgekehrt und so saßen alle gemeinsam beim Abendessen rund um den Tisch. Phio kuschelte sich auf Pinkas Schoß und lauschte Floras Erzählungen.

„Es war so toll", schwärmte diese. „Wir sind wieder über die Schanze gesprungen und geflitzt wie die Wilden. Einmal bin ich fast bis ganz unten gesprungen. Und aus der Ferne haben uns die Tiere beobachtet. Beim nächsten Mal wirst du wieder mitkommen können, Phio, dann zeige ich dir einen tollen Trick."

„Ja, wir hatten wirklich viel Spaß. Und wie war es bei euch?", fragte Lux.

Pinka erzählte von ihrem Tag im Wald und davon, wie gut es Phio gegangen war. Kein Fieber, kein Husten, nur ein bisschen Müdigkeit war geblieben. „Ich denke, morgen darf auch Phio wieder hinaus zum Spielen", schloss sie und der Kleine sprang mit einem Satz von ihrem Schoß und lief jubelnd in der Höhle herum.

„Juchu! Juchu! Morgen baue ich einen Schneewicht! Und dann mag ich rodeln! Und eislaufen! Und Schifahren ..."

Lux fing Phio auf und sagte: „Das freut mich sehr, dass es dir wieder so gut geht. Von den Tautropfenpastillen darfst du trotzdem noch ein paar Tage lang nehmen und du musst versprechen, dass du nach Hause kommst, wenn dir kalt ist. Das ist wichtig, Phio!"

„Ja, das verspreche ich", erwiderte dieser freudestrahlend.

Dass das Weihnachtsbäumchen nicht mehr in der Stube stand, fiel den Kindern gar nicht auf. Zu sehr waren sie damit beschäftigt, sich auf die kommenden Wintertage zu freuen.

Doch Lux und Brock hatten von Bruno ein besonderes Elixier bekommen und pflegten die ausgetrocknete Tanne liebevoll im Gartenhaus. Wer weiß, vielleicht würde ihr Versuch, dem Bäumchen wieder Wurzeln wachsen zu lassen, gelingen. Aber um die Kinder nicht zu enttäuschen, sagten sie vorerst nichts.

Ein perfekter Schitag

In den kommenden Tagen kam langsam wieder Leben in die kleine Wurzelhöhle. Gemeinsam bauten die Kinder im Garten eine Schneewichtfamilie, sie fütterten die Eichhörnchen und die Rehe und flitzten mit den Rindenrodeln den steilen Hang zum Waldteich hinunter.

Phio kam sehr schnell wieder zu Kräften und so versprach Pinka eines Abends: „Ich denke, deine Füße sind jetzt wieder stark genug zum Schifahren. Was denkt ihr, Kinder? Sollen wir morgen hinüber zur großen Eiche gehen?"

Wie beim letzten Mal, als die Wichtelmama diese Frage gestellt hatte, brachen beide Wichtelkinder in lautes Jubelgeschrei aus.

Lux steckte verwundert seinen Kopf in die Kammer und meinte: „Ich vermute, ich darf heute noch die Schiausrüstung herrichten."

„Oh ja, das darfst du, Papa!", schrie Phio und sprang ihm in die Arme.

„Aber jetzt wird erst mal geschlafen, ihr zwei Gauner", schmunzelte Pinka.

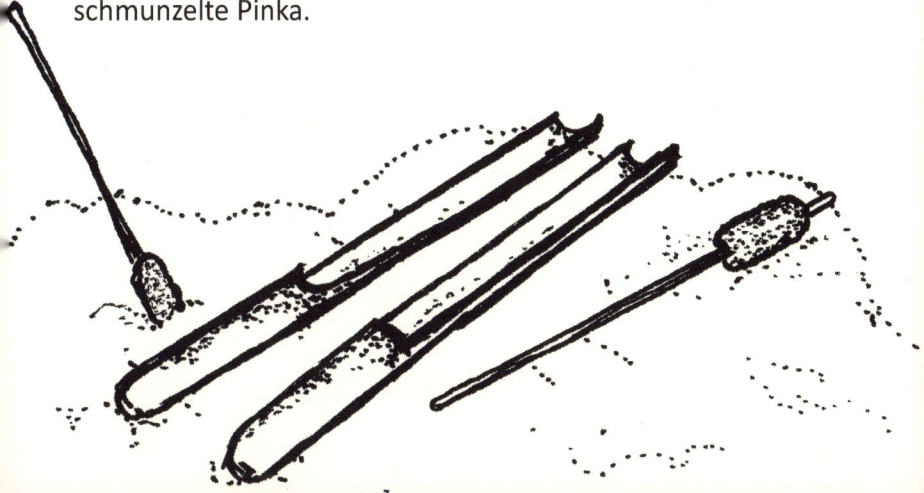

Am nächsten Morgen herrschte geschäftiges Treiben. Nach dem ausgiebigen Frühstück richteten Lux und Pinka eine deftige Wichteljause her, sie schnitten den Bergmauskäse in Würfel, knusperten das Haselnussbrot, kochten kleine Eier hart und süßten den Kräutertee, damit er später nicht nur Wärme, sondern auch Energie geben würde. Außerdem wärmten sie die Kieselsteinchen, falls jemand kalte Hände oder Füße bekommen sollte. Flora und Phio zogen sich selbstständig an und halfen anschließend, die Schiausrüstung hinaus zur großen Rindenrodel zu tragen.

„Müssen wir die Eichelhelme mitnehmen?", fragte Flora, während sie versuchte, alle vier Helme gleichzeitig zu tragen.

„Natürlich, meine Kleine", entgegnete Pinka. „Sie schützen unseren Kopf, falls wir stürzen."

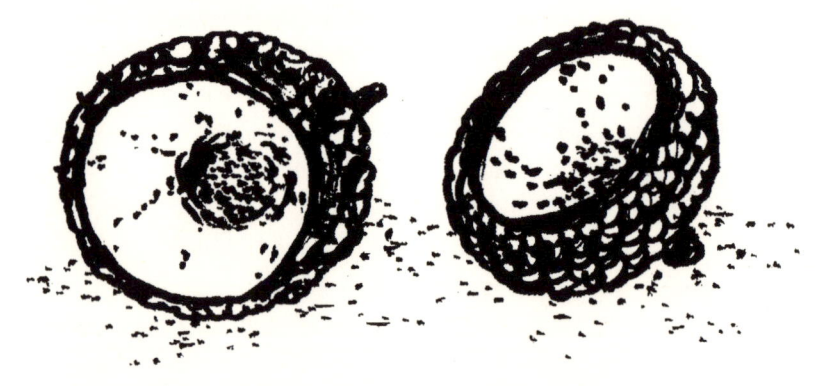

„Aber ich kann doch schon sehr gut Schi fahren, das weißt du doch", erklärte Flora und wollte ihre Mama davon überzeugen, dass es nicht notwendig sei, dass sie einen Helm trug.

„Das nützt nichts, Flora, es geht nicht darum, wie gut du Schi fahren kannst, sondern was passiert, wenn du stürzt. Auch sehr gute Schifahrer stürzen manchmal. Es könnte zum Beispiel ein Stein auf der Piste liegen oder es kann passieren, dass man mit jemand anderem zusammenstößt. Wir setzen alle einen Helm auf", erläuterte die Wichtelmama und half ihrer Tochter bei ihrem Vorhaben, die vier Kopfbedeckungen nach draußen zu tragen.

Auch Phio half kräftig mit. Er richtete die Rodel her, damit die Fahrt für ihn und Flora hinüber zur großen Eiche bequem werden würde. Beide Plätze bekamen weiche Polster und eine Spitzmausdecke zum Hineinkuscheln.

Dann marschierten Phio und der Wichtelpapa hinüber zur Waldhöhle der Hausmaus Hans.

„Hallo Hans", rief Lux schon von Weitem, als er sah, dass dieser mit seinen drei Kindern gerade die Höhle verließ. „Geht es euch allen wieder gut?"

„Ja, danke", piepste Hans. „Pinkas Hausmittel haben sehr gut gegen die Verkühlung geholfen. Die Kinder sind wieder ganz gesund, nur meine Frau Maja ist noch nicht ganz so kräftig. Sie bleibt noch einen Tag zu Hause. Bitte, Lux, sag mir, wenn ich mich irgendwie erkenntlich zeigen kann."

Dem Wichtelmann huschte ein Lächeln übers Gesicht. Er war froh, dass Hans sich für Pinkas Hilfe bedanken wollte, denn so konnte er guten Gewissens fragen: „Du, wenn ich ehrlich bin, wollte ich dich sowieso um etwas bitten. Wäre es möglich, dass du mir hilfst, die Kinder und unsere Schiausrüstung hinüber zur großen Eiche zu ziehen?"

„Ja, aber natürlich, Lux. Wenn es dir recht ist, dann werden uns meine drei Kinder begleiten, denn wir wollten gerade einen Spaziergang machen. Wollt ihr Schi fahren?"

„Ja, das möchten wir gerne. Nachdem jetzt alle wieder ganz gesund sind, können wir einen Tag im Schnee sicherlich gut vertragen", antwortete Lux.

„Ich werde kurz Maja Bescheid geben und mir eine kleine Jause in die Backe schieben, dann kommen wir zu euch", versprach Hans und verschwand in seiner Waldhöhle.

Keine zehn Minuten später ging es los. Flora und Phio saßen, eingekuschelt in eine warme Decke, auf der großen Rodel, Lux und Pinka spazierten hinterdrein, Hans zog vorne und die drei Mäusekinder liefen lachend nebenher. Es war sehr lustig anzusehen, wie sie so durch den verschneiten Tannenwald fuhren.

Endlich bei der großen Eiche angekommen, sahen sie, dass schon andere Wichtelfamilien da waren.

„Mama, da drüben ist ja Fabio", rief Phio begeistert.

„Und Margarita ist auch da", jubelte Flora. „Juchu, juchu, das wird ein toller Tag!"

Lux und Pinka entluden die Rodel und halfen den Kindern, die dicken Handschuhe anzuziehen und den Eichelhelm aufzusetzen.

Während die Kleinen ihre Schi anschnallten und hinüber zur Wurzelpiste brettelten, bedankte sich Lux noch einmal bei Hans: „Du, das war uns wirklich eine große Hilfe! Der Weg ist einfach zu weit, um alles selbst zu tragen. Danke, Hans!"

„Bitte, sehr gerne, Lux. Du und Pinka, ihr kümmert euch immer um uns Waldtiere, da ist es doch selbstverständlich, dass auch wir euch helfen. Wir werden euch noch ein bisschen zuschauen, wenn es recht ist. Ich denke, das könnte lustig werden", sagte Hans und marschierte mit seinen Kindern hinter Lux und Pinka hinüber zur Piste.

Flora und Phio kamen ganz schön ins Schwitzen, als sie die

steile Piste hinaufbrettelten. Doch sie wurden oben schon von Fabio und Margarita erwartet.

„Hallo", riefen die beiden ihnen entgegen. „Super, dass ihr kommt! Der Schnee ist so toll. Wir fahren gerade ein Rennen."

„Oh, wir kommen, wir kommen!", riefen Phio und Flora zurück.

Oben angekommen waren jedoch beide noch etwas wackelig auf den Beinen.

Ihre Eltern kamen gerade dazu und baten: „Beim ersten Mal fahren wir noch kein Rennen. Wir probieren zuerst, ob wir alle noch wissen, wie man mit den Schiern fährt, in Ordnung?"

„Ja, Mama", entgegnete Phio und begann, im Schneepflug nach vorne zu rutschen.

„Ich kann das schon, Mama", sagte Flora, stieß sich mit den Stecken ab und flitzte den Hang in schönen Schwüngen nach unten.

„Wow, das hat sie gut gemacht! Trotzdem, eine Gaunerin ist sie schon", lächelte Lux und fuhr seiner Tochter hinterher.

Pinka und Phio ließen es langsamer angehen, doch auch sie kamen sicher unten an.

„Diesmal aber ein Rennen, ja?", sprach Flora zu Margarita, als sie gemeinsam wieder nach oben brettelten.

„Klar, ich bin bereit", antwortete diese.

Der Weg nach oben war anstrengend, aber die beiden Wichtelmädchen, die sich in den Ferien wegen Phios Verkühlung noch gar nicht getroffen hatten, hatten viel zu bequatschen. Auch Lux, Pinka und Phio machten sich wieder auf den Weg nach oben. Hans und die drei Mäusekinder hatten sich unten auf einer der kleineren Wurzeln einen bequemen Platz gesucht, knabberten Haselnüsse und lachten beim Anblick der vielen bunten Wichtel. Es war einfach ein wunderschöner Wintertag. Diesmal fuhren die Wichtelkinder tatsächlich ein Rennen. „Auf drei geht's los!", rief Flora und zählte.

Sie selbst startete ein kleines bisschen früher und flitzte den steilen Hang hinunter, als wäre sie jeden Tag dieses Winters auf den neuen Schiern unterwegs gewesen. Auch Fabio, Margarita und Phio düsten nach unten. Jeder so schnell, wie er konnte. Nur der kleine Phio hatte beim Bremsen leichte Probleme und rollte als Schneekugel die letzten Meter hinunter, bis er genau vor Floras Füßen landete. Im ersten Moment erschraken alle, doch als sie erkannten, dass der Wichtelbub sich vor lauter Lachen den Bauch halten musste, lachten sie ebenfalls. „Alles in Ordnung?", rief Pinka trotzdem.

„Ja, alles in Ordnung", antworteten die Kinder und halfen Phio, den vielen Schnee loszuwerden. Dann stapften sie tapfer wieder nach oben.

Auch Hans und die Mäusekinder mussten herzhaft lachen, als Phio als Schneekugel über die Piste gerollt war. Doch sie bewunderten diese kleinen Wichtelkinder, die so tapfer jedes Mal wieder ohne Murren den steilen Hang hinaufbrettelten.

Da kam Hans eine Idee. „Kinder, was meint ihr, wie wäre es, wenn wir die kleinen Wichtelkinder nach oben ziehen?", fragte er seine Sprösslinge.

„Ja, super, Papa, ich hab sowieso schon kalte Pfoten", antwortete das kleinste der drei Mäuslein, sprang von der Wurzel und lief hinüber zu den Wichtelkindern.

Hans stapfte derweil zu Lux, um mit ihm sein Vorhaben zu besprechen, und ein paar Minuten später hatten alle vier Wichtelkinder einen persönlichen Mäuselift. Nun war es einfach für die kleinen Schifahrer, doch die Mäuslein standen oben am steilen Hang und wussten nicht, wie sie wieder hinunterkommen sollten.

Da hatte Pinka die rettende Idee. Gemeinsam mit Lux stach sie vier große Rindenstücke vom dicken Stamm der mächtigen Eiche. „Damit könnt ihr hinunterrutschen. Das wird euch gefallen. Und zum Raufziehen sollen sich die Kinder einfach draufsetzen und an euren Gurten festhalten", erklärte Pinka den Mäusen.

Gesagt, getan. Die Tierchen setzten sich auf die Rindenstücke, Lux gab ihnen einen kleinen Schupfer und los ging's. Die anfängliche Skepsis verflog schnell, bis man nur noch das Lachen der vier Mäuslein hörte.

„Das war supertoll!", jubelte Hans. „Kinder, hat es euch auch gefallen?"

Und die drei waren sich einig: „Ja, Papa, das war toll! Noch einmal, bitte!"

Und so hatten nicht nur die Wichtelkinder einen tollen Tag im Schnee.

Als die ganze Jause aufgegessen war und die Wichtelkinder langsam müde wurden, war es Zeit, sich auf den Heimweg zu machen. „Kommt, Kinder, setzt euch auf die Rodel und deckt euch gut zu! Ich lege euch die warmen Kieselsteinchen unter eure Sitzpolster, dann habt ihr es schnell wieder warm", sagte Pinka und half den beiden Kindern aus den Schiern.

Flora und Phio kuschelten sich zusammen auf eine Bank und ließen sich willig von ihrer Wichtelmama in die warme Spitzmauswolldecke einhüllen. Auch die Mäusekinder waren müde und hatten kalte Pfoten.

„Kommt doch zu uns auf die warmen Polster", bot Flora an, während die Wichteleltern die Schiausrüstung hinten auf die Rodel luden. Die Mäuslein ließen sich das nicht zweimal sagen und quetschten sich ebenfalls in das Gefährt. Wie gut, dass sie ziemlich klein waren, denn sonst wäre es ihnen wohl nicht gelungen. So aber lagen sie kreuz und quer und genossen die wärmenden Steinchen. Als alle Sachen aufgeladen waren, bot sich Pinka ein zauberhaftes Bild: zwei Wichtelkinder und drei Mäusekinder, zusammengekuschelt unter einer großen Decke, schliefen einen erholsamen Schlaf.

„Lux, Hans, kommt schnell her, das müsst ihr sehen! Sind sie nicht zauberhaft?", flüsterte die Mutter.

„Oh, das ist wirklich ein sehr schönes Bild", stimmte Hans zu. „Aber weck meine Kinder ruhig auf, sie sollen zu Fuß gehen."

„Ach nein, sie sind doch noch so klein. Lux und ich, wir werden mit dir die Rodel ziehen und die Kinder lassen wir schlafen, ja?"

„Wenn du meinst, Pinka", willigte Hans ein und schlüpfte in den Ziehgurt.

Dann marschierten sie los durch den verschneiten Tannenwald in Richtung Wichtelhöhle. Pinka und Lux unterhielten sich auf dem Weg sehr gut mit Hans, doch auch sie spürten, dass sie im Grunde sehr müde waren und sich auf ein Bett freuten.

Als sie endlich angekommen waren, überließ Lux Hans die große Rindenrodel. „Fahr du nur mit den Kindern nach Hause, die Rodel kann ich morgen holen. Danke dir, Hans, es war ein wundervoller Tag!"

„Ja, da geb ich dir recht, so viel Spaß hatten wir schon lange nicht mehr. Danke auch dir!", entgegnete die Maus und machte sich auf den Heimweg.

„Und liebe Grüße an Maja", rief Pinka ihm noch hinterher, während Lux schon mit den beiden schlafenden Kindern auf dem Arm in die Wurzelhöhle marschierte.

In dieser Nacht hörte man nur das Schnarchen der kleinen Wichtelfamilie. Der Mond schien hell über ihrer Höhle und warf ein zauberhaftes Licht auf den verschneiten Tannenwald.

Auch Eislaufen will gelernt sein

Am nächsten Morgen wurde die kleine Wichtelfamilie von einem lauten Klopfen an der Haustür geweckt.

„Wer kann das sein?", fragte Pinka verschlafen.

Lux kroch aus dem Bett heraus. „Ich weiß es nicht", erwiderte der Wichtelpapa. „Es ist noch ziemlich früh."

Pinka schlüpfte in ihre warmen Fellpatschen und stapfte zur Haustür. Poch, poch, poch! „Ja, ich komme ja schon!", rief sie und schob den Riegel zurück.

Draußen standen zwei grinsende kleine Wichtelkinder.

„Margarita, Fabio, was macht ihr denn um diese Zeit hier?", fragte die Wichtelmama verdutzt.

„Mama hat gesagt, wir können Flora und Phio fragen, ob sie mit uns eislaufen gehen wollen. Dürfen sie?"

„Na ja", meinte Pinka, „sie schlafen noch. Aber ein bisschen später werden sie bestimmt gerne hinüber zum Waldteich kommen. Es ist ja noch etwas früh ..."

„Nein, es ist schon fast Zeit fürs Mittagessen", ließ Margarita Pinka wissen.

„Ähm, ja ... Ach, so spät ist es schon? Also, ich denke, ich werde die beiden jetzt wecken und dann frühstücken wir erst mal ausgiebig. Am Nachmittag werden wir dann zum Waldteich kommen, ja?"

Den beiden Wichtelkindern verging das Lachen. „So spät erst?", fragten sie.

„Ja, so spät erst. Flora und Phio liegen ja noch im Bett. Wir werden am Nachmittag mit den Kufen hinüber zum Waldteich kommen und vielleicht seid ihr dann auch noch da."

„Vielleicht", entgegnete Margarita trotzig.

„Sicher", verbesserte Fabio sie. Die beiden nahmen ihre kleinen Taschen, drehten sich um und machten sich auf den Weg.

„Wer war das?", rief Flora aus ihrer Kammer.

„Das waren Margarita und Fabio", antwortete Pinka.

„Was wollten sie?"

„Flora, komm doch einfach raus aus dem Bett, dann erzähle ich es dir", gab Pinka leicht genervt zurück. Sie hatte vorhin so gut geschlafen! Murrend ging sie zur Kochstelle und setzte Wasser auf. Da es tatsächlich schon fast Zeit fürs Mittagessen war, beschloss sie, heute Rührei à la Waldgeist zu machen.

Als es in der Pfanne brutzelte und ein verführerischer Duft durch die Wurzelhöhle zog, war auch Großvater Brock bereit, endlich aufzustehen. „Oh, hier bei euch schlafe ich wie ein Stein. Egal wie lange. Ich schlafe immer tief und fest", sagte er und kratzte sich am Bart.

„Das ist schön für dich", meinte Pinka und gähnte herzhaft. „Und obwohl es heute schon recht spät ist, hätte ich noch das ein oder andere Stündchen vertragen."

Mittlerweile war auch Lux aufgestanden und betrat die Waschstube, um sich frisch zu machen.

Flora kam im Pyjama in die Küche und fragte noch einmal: „Und was wollten sie?"

„Also", begann Pinka zu erzählen, während sie Wachteleier aufschlug, „die beiden haben gefragt, ob ihr mitgeht zum Waldteich. Eislaufen."

„Ja, sicher gehen wir mit", meinte Flora sofort.

„Sicher ist das nicht, denn wir sind immerhin noch im Pyjama und Margarita und Fabio sind schon auf dem Weg dorthin. Aber sie werden wohl auch am Nachmittag noch dort sein. Wir können nach unserem frühen Mittagessen hinübergehen. Lust?"

„Ja, natürlich, große Lust!", sagte das kleine Wichtelmädchen und begann, den Tisch zu decken.

Da schlich Phio aus seiner Kammer und setzte sich mit einem geknurrten „Ich hab Hunger" an den Esstisch.

Wenige Minuten später hörte man das übliche Schmatzen der Wichtel und die kleinen Füßlein der Wichtelhöhlenzwergmaus, die wie bei jeder Mahlzeit unter dem Esstisch die Reste der Kinder einsammelte.

„Habt ihr Lust, heute eislaufen zu gehen?", fragte Pinka noch einmal, als langsam alle satt waren.

„Ja, Mama, hab ich doch schon gesagt", antwortete Flora genervt.

„Dich habe ich auch nicht wirklich gemeint. Phio, hast du Lust?", wandte sich die Wichtelmama an ihren kleinen Buben.

„Ja, schon, Mama", gab er zur Antwort und nahm einen großen Bissen von seinem geknusperten Haselnussbrot.

„Ich auch", fiel der Großvater voller Tatendrang ein. Die Kinder schauten ihn mit leuchtenden Augen an. „Na ja, ich werde mitkommen, um euch zuzusehen", ergänzte er, damit die Kinder sich keine falschen Hoffnungen machten.

„Und du, Lux? Hast du Zeit, uns zu begleiten?", fragte Pinka ihren Mann, doch dieser verneinte.

„Es tut mir leid, aber heute kann ich nicht. Ich muss mich um die Waldtiere kümmern. Da ich gestern den ganzen Tag beim Schifahren war, muss ich heute nach dem Rechten sehen. Geht lieber ohne mich."

„Ach, Papa, es wäre so schön, wenn wir alle zusammen gehen würden", bettelte Flora.

„Wirklich, Flora, heute geht es nicht. Das verstehst du doch. Ich muss nachschauen, ob es allen Tieren gut geht, ob alle genügend Futter haben oder ob sie sonst etwas brauchen. Aber ich verspreche, ich besuche euch unten am Waldteich."

Gemeinsam räumten Pinka und Lux das Frühstücksgeschirr auf, während sich die beiden Kinder die warmen Wollhosen und die dicken Jacken anzogen. „Die Handschuhe und die Helme nicht vergessen!", erinnerte Pinka ihre beiden Kleinen und begann erneut damit, eine Jause für den Tag herzurichten.

Während sie selbst sich noch anzog, ging Großvater mit den Kindern in den Garten und machte eine Schneeballschlacht.

„Sodala", rief Pinka und hielt jedem der Kinder ein Paar Kufen hin. „Bitte selber tragen!" Mit großen Augen nahmen Phio und Flora die Kufen an sich. „Ihr seid jetzt schon groß. So ist es einfacher für mich, denn ich muss ja auch die ganze Jause tragen, wenn Papa nicht mitgeht. Fein, dass ihr schon so toll mithelfen könnt!"

„Da hast du recht, Mama, wir sind groß!", verkündete Phio stolz und marschierte los.

Gemeinsam stapften die vier an der Waldlichtung vorbei und hinüber zum Waldteich. Schon aus einiger Entfernung hörten sie das Lachen von Fabio und Margarita.

„Das klingt lustig", meinte Flora und begann zu laufen.

„Pass auf, dass du nicht fällst im tiefen Schnee!", rief Pinka ihr noch nach, doch – plumps – lag Flora bereits bäuchlings im nassen Weiß.

„Hihihi", lachte Phio. „Du siehst ja aus wie ein Schneewicht!"

„Das finde ich gar nicht lustig", murrte Flora und klopfte sich den Schnee von der Jacke. „Hilf mir lieber, meine Kufen zu finden. Die sind irgendwo versunken", bat Flora.

Gemeinsam mit Pinka und Großvater mussten sie einige Minuten suchen, bevor sie die Kufen aus dem Schnee herausfischten.

„Hier, bitte", meinte Brock und reichte sie seiner Enkelin. „Und mit diesen Kufen kannst du eislaufen?"

„Aber klar, Großvater! Womit sollte ich denn sonst fahren?", entgegnete Flora. Doch sie wartete nicht auf eine Antwort, sondern nahm ihre Kufen und wollte schon wieder losflitzen.

„Halt, meine Liebe", rief Pinka. „Geh langsam! Es ist besser, ohne Verletzung etwas später anzukommen, als schneller dort zu sein, dafür aber nass und vielleicht sogar mit einer Wunde."

„Na gut, aber nur, weil ich sowieso schon kalte Hände habe", gab Flora trotzig zur Antwort.

Als sie endlich beim Waldteich angekommen waren, schlüpften Phio und Flora in ihre Kufen. Das Eis war ziemlich dick, sodass man sorgenfrei überall auf dem Teich herumkurven konnte.

„Hallihallo", riefen Fabio und Margarita.

„Hallo", gab Flora zurück und stieg vorsichtig aufs Eis. Ein Schritt, zwei Schritte. „Hm", dachte sich das Wichtelmädchen, „das ist nicht schwierig." Sie holte Schwung und machte den dritten Schritt schon etwas schneller, dann einen vierten und – plumps – fiel sie auf ihren Popsch. „Autsch", rief sie und musste mit ansehen, wie sich ihre Freunde den Bauch hielten vor lauter Lachen.

Auch Großvater Brock lachte und rief: „Das schaut doch schwerer aus als gedacht!"

„Das ist nicht komisch. Helft mir lieber!", schimpfte Flora und hielt ihren Freunden die Hände hin.

Margarita und Fabio halfen ihr auf und nahmen sie in ihre Mitte. Gemeinsam war das Eislaufen gar nicht mehr so schwer und schon nach einigen Runden auf dem Teich hatte Flora so viel Sicherheit gewonnen, dass sie es erneut alleine probieren wollte. Und tatsächlich, es klappte!

Phio hatte derweil alles vom Rand aus beobachtet. „Mama, gehen wir zusammen?", fragte er vorsichtig.

„Ja, natürlich, kleiner Phio. Du wirst sehen, das ist nicht schwer", antwortete Pinka und reichte ihrem kleinen Wichtelbuben die Hand.

Vorsichtig tapste er übers Eis. Und wie schon bei Flora nahm auch seine Sicherheit von Runde zu Runde zu und schon bald fuhren die vier Wichtelkinder gemeinsam lachend über den Waldteich.

Pinka selbst lief noch ein paar schnellere Runden und genoss die frische Luft. Dann setzte sie sich an den Rand zu Brock, um für die Kinder eine Jause zu richten.

„Damals, als ich noch ein kleiner Bub war, sind wir auch hergekommen, um eiszulaufen. Aber es gab keine so tollen Kufen, wie ihr sie jetzt habt", erzählte er.

„Ach nein?", fragte Pinka. „Und wie habt ihr das dann gemacht?"

„Na ja, immer wenn wir von toten Tieren Knochen gefunden haben, haben wir diese aufbewahrt für den Winter. Dann haben wir sie geschliffen und sie uns mit selbst gedrehten Seilen an die normalen Schuhe gebunden. Dazu haben wir dann in jede Hand einen Stecken genommen und so sind wir übers Eis gefahren. Das war auch sehr lustig."

„Das glaube ich gern. Aber vorstellen kann ich mir das nicht", lachte Pinka.

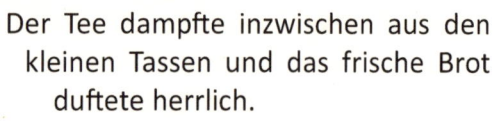

Der Tee dampfte inzwischen aus den kleinen Tassen und das frische Brot duftete herrlich.

„Oh, sind wir hungrig!", riefen die Kinder, als sie die Jause auf dem kleinen Schneetischchen, das Pinka gebaut hatte, sahen. Schnell schlüpften die vier aus ihren Kufen und nahmen auf der Lammfelldecke Platz.

„Mhm, das riecht ausgezeichnet", brummte eine tiefe Stimme aus dem Wald.

„Papa!", kreischte Flora und stürmte diesem entgegen.

„Mir scheint, ich komme gerade richtig", schmunzelte Lux, als er die gute Jause sah.

„Na ja, eigentlich nicht. Wir fahren nämlich im Moment gerade nicht über das Eis. Wir jausnen", gab Flora naseweis zur Antwort und nahm ein Butterbrot in die Hand.

Der Wichtelvater zwinkerte Pinka zu und gemeinsam stärkten sie sich, um anschließend noch eine Runde Fangen und Versteinerte Wichtel spielen zu können. Lux, der ohne Kufen auf dem Teich unterwegs war, stürzte das ein oder andere Mal und hatte schnell genug von dem eisigen Vergnügen. „Du solltest Knochen suchen gehen", sagte Pinka vergnügt und grinste Großvater Brock zu.

„Wie meinst du das?", fragte Lux verdutzt, doch Pinka antwortete: „Das soll dir dein Vater ruhig selbst erzählen."

„Kannst du dich gar nicht erinnern, Lux? Ich habe dir bestimmt einmal geschildert, wie wir als Kinder die Eislaufkufen selbst hergestellt haben", sagte Großvater und half Pinka beim Einpacken.

„Doch, jetzt wo du es sagst. Diese Dinger habt ihr aus Knochen gemacht. Das musst du den Kindern auf dem Heimweg erzählen. Die werden Augen machen!"

„Was muss Großvater erzählen?", fragte Flora prompt neugierig.

„Na ja, wie wir früher eisgelaufen sind", erwiderte Großvater.

„Aber nun ab mit uns nach Hause. Es wird kalt", befahl Pinka und wollte sich gerade den Rucksack schnappen, als Lux ihn schulterte und meinte: „Ich muss noch woandershin, aber ich kann den großen Rucksack mitnehmen. Dann musst du ihn nicht tragen." Zum Abschied küsste er seine Lieben auf die Stirn.

„Wir müssen auch nach Hause", sagten Margarita und Fabio und verabschiedeten sich mit einem lauten „Tschüss".

„Bis morgen", rief Flora ihnen hinterher.

„Ja, bis morgen, wenn die Sonne über der großen Eiche steht", bestätigte Margarita.

„Jaaaa", riefen Phio und Flora, nahmen ihre Kufen und eilten der vorausgehenden Pinka hinterher.

Auf dem Nachhauseweg erzählte Großvater Brock Flora und Phio wie versprochen von seinen Wintererlebnissen im Wichtelwald. Erstaunt und mit großen Augen hörten sie ihm zu und so war der Weg zur Wurzelhöhle so kurz wie nie.

Die Ferien neigten sich langsam dem Ende zu und jeden Tag waren Flora und Phio nun mit Margarita und Fabio unterwegs. Sie rodelten gemeinsam, bauten sich zusammen eine riesengroße Schneehöhle und gingen am Waldteich eislaufen.

Doch leider haben alle Ferien einmal ein Ende und so begann auch für die Wichtelkinder wieder die Schule. Obwohl Flora und Phio beide gerne ins Wichteldorf gingen und dort ihre Freunde trafen, hatten sie natürlich trotzdem weniger Freizeit als in den Ferien. Denn nach dem Essen mussten sie immer erst einmal ihre Hausaufgaben machen. Phio, der als Einziger noch in der Vorschule war, war stets als Erstes mit seinen Arbeiten fertig und richtete alles für einen spannenden Nachmittag im Schnee her. So kam der Spaß trotz Schule nicht zu kurz. Gemeinsam mit Fabio und Margarita vergnügten sich Flora und Phio weiterhin am Rodelhang, am Waldteich und in ihrer Schneehöhle.

Allerdings bemerkten sie schnell, dass es mit jedem Tag länger hell blieb. Außerdem wurde es zunehmend wärmer und sie mussten unter den dicken Wollhosen keine lange Unterwäsche mehr tragen.

„Ich denke, der Frühling wird bald kommen", sagte Pinka eines Tages, als ihre beiden Kinder wieder einmal mit nassen Füßen nach Hause kamen. „Der Schnee schmilzt langsam und ab jetzt müsst ihr wirklich gut aufpassen, wenn ihr in eure Schneehöhle kriecht", mahnte sie.

„Aber warum denn, Mama?", fragte Phio ungläubig und seine Schwester erklärte: „Weil die Sonne den Schnee aufweicht und schwer macht. Unsere Höhle könnte einstürzen und wir liegen dann drunter. Wäre nicht so prickelnd!"

„Echt wahr, Mama?", fragte der kleine Wichtelbub staunend.

„Echt wahr!", bestätigte Pinka.

„Wir passen auf", versprachen die beiden daraufhin.

Und so durften sie weiterhin alleine im Wald spielen, was auch immer ihre kleinen Wichtelherzen begehrten.

An einem Nachmittag entschlossen sich Flora und Phio, wieder einmal mit Margarita und Fabio eislaufen zu gehen. Wie immer schnappten sie sich selbstständig ihre Kufen, den Helm und die Handschuhe und machten sich auf den Weg. Sie sangen und lachten, während sie durch den schon ziemlich matschigen Wald stapften.

„Wer als Erstes auf dem Eis ist!", rief Flora und rannte die letzten Meter hinunter zu ihrer Lieblingsstelle.

„Gut!", schrie Margarita und begann ebenfalls zu rennen.

Die beiden Buben hatten es nicht so eilig, sondern stocherten lieber mit ihren Stecken in einer großen Matschlacke herum.

Flora und Margarita beeilten sich sehr, in ihre Kufen zu kommen. In etwa gleichzeitig stiegen sie aufs Eis und nahmen Schwung.

„Erste!", rief Flora und lachte herzlich.

„Stimmt nicht, ich war Erste!", verbesserte sie ihre Freundin.

„Gar nicht! Ich!", gab Flora zurück.

„Nein! Weißt du was, wir machen einfach noch ein Rennen. Bis hinüber ans andere Ufer und zurück", schlug Margarita versöhnlich vor.

„Gut, das machen wir. Auf die Plätze, fertig, los!", schrie Flora und gab Gas. Doch wie so oft, wenn sie es besonders eilig hatte, stolperte sie über ihre eigenen Füße und lag der Länge nach auf dem Eis. „Grr", ärgerte sie sich, während sie zusah, wie Margarita mit schönen Schwüngen auf den Teich hinausfuhr.

Knarz! Ein plötzliches lautes Knarren ließ die vier Wichtelkinder erschrecken.

„Was war das?", rief Flora und sprang auf die Füße.

Und wieder: knarz!

„Oh, du meine Güte, das ist das Eis", erfasste sie die Lage sofort und schrie: „Margarita, das Eis ist zu weich. Es hält uns nicht. Runter!" In Panik fuhr Flora die wenigen Meter hinüber zum sicheren Ufer.

Margarita, die in der Zwischenzeit ebenfalls den Ernst der Lage erfasst hatte, versuchte möglichst schnell wieder zu Flora zurückzukommen.

Knarz und ratsch!

„Flora, hilf mir. Ich schaffe das nicht!", schrie Margarita, während sie mit aller Kraft, so schnell es eben ging, in Richtung Ufer fuhr.

„Phio! Hol Hilfe!", brüllte Flora voller Panik.

Die beiden Wichtelbuben, die ebenfalls sehr erschrocken

waren, als das Eis zum ersten Mal laut gekracht hatte, rannten so schnell wie möglich hinüber zur Bärenhöhle. Zwar wussten sie, dass der Bär und seine Familie noch schliefen, doch was sollten sie sonst tun?

Ratsch – das Eis brach genau hinter Margarita.

„Ich schaffe es nicht!", rief sie Flora entgegen.

„Doch, sicher, nur noch wenige Meter. Gleich bist du da. Ich helfe dir. Nimm den Stecken!", forderte Flora ihre Freundin auf und hielt ihr einen großen Ast entgegen.

Ritsch – unvermittelt brach das Eis vor dem Wichtelmädchen und mit einem lauten Plumps lag es im Wasser.

„Hilfe, Hilfe!", schrie Margarita aus Leibeskräften. Zumindest hatte sie es geschafft, Floras Ast zu greifen. „Das ist so kalt!" Mit aller Kraft versuchte sie sich selber aus dem Eis herauszuziehen. Doch das Wasser war so eisig, dass sie sofort alle Kräfte verließen und sie hilflos am Rand der Scholle hing. „Flora, hilf mir!", flehte sie und mit einem Mal wusste Flora, was zu tun war.

Sie legte sich auf den Bauch. Margarita war nur wenige Meter vom Ufer entfernt. Das musste doch klappen. Beide hielten noch immer den großen Ast fest, doch Flora war zu schwach, um Margarita auf dem Bauch liegend aus dem Wasser ziehen zu können.

Da hörte sie lautes Getrampel hinter sich. Gevatter Bär kam angerannt, stupste Flora zur Seite, legte sich selbst aufs Eis und packte mit seinem Maul den großen Ast. So zog er das kleine zitternde Wichtelmädchen aus dem Waldteich.

„Oh danke, danke!", rief Flora und Glückstränen rannen ihr übers Gesicht.

Gleich danach erschien Frau Bärin, nahm Margarita vorsichtig ins Maul und trug sie hinüber in die Bärenhöhle. Dort legte sie das zitternde Mädchen auf ihren Schoss und bedeckte es mit ihrem warmen Bärenfell.

„Es ist alles gut", beruhigte sie die vier aufgebrachten Kinder. „Es ist wirklich alles gut. Flora, kannst du Margaritas Mama holen? Sie soll etwas Trockenes zum Anziehen mitbringen und einen heißen Tee."

„Ja, natürlich, das mach ich!", presste Flora aufgeregt hervor. „Phio, kommst du mit?"

„Ja, sicher. Ich mag bei dir sein", hauchte der geschockte kleine Wichtelbub und reichte seiner Schwester die Hand.

Fabio blieb bei Margarita und versuchte sie zu beruhigen. „Es ist alles gut, das hast du ja gehört. Alles ist gut." Es dauerte nur wenige Minuten, dann war Margarita eingeschlafen.

Flora und Phio liefen währenddessen tapfer durch den matschigen Wald bis zum Wichteldorf, wo Margaritas Familie in einem verlassenen Fuchsbau lebte.

„Schnell", rief Flora, als die beiden einfach hineingestürmt waren, „Margarita ist im Eis eingebrochen. Sie braucht Hilfe."

„Was?", kreischte Viola, Margaritas Mama, aufgeregt. „Sie ist eingebrochen? Ist sie noch im Wasser? Um Himmels willen!"

„Nein, Gevatter Bär hat sie herausgezogen. Sie liegt jetzt in der Bärenhöhle, aber sie braucht trockene Sachen und heißen Tee", erklärte Flora und sprang vor lauter Aufregung von einem Bein auf das andere.

„Schnell, Kinder", sagte Viola und drückte ihnen trockene

Sachen für ihre Tochter in die Hand. „Lauft schon vor. Ich fülle schnell heißes Wasser in eine Kanne und komme sofort." Phio und Flora hatten keine Kraft mehr in den Füßen und so wurden sie schon nach wenigen Metern von Viola eingeholt. „Danke, dass ihr mich so schnell geholt habt", sagte diese, nahm die trockenen Sachen und rannte wie der Wind in Richtung Bärenhöhle.

„Phio, wie habt ihr das gemacht?", fragte Flora ihren kleinen Bruder.
„Was gemacht?", gab dieser zurück und nahm sich wieder einen Stecken, um im Matsch herumzurühren.
„Na ja, die Bären halten doch Winterschlaf. Und es ist Winter. Wieso haben sie nicht geschlafen?", wollte Flora wissen.
„Ich weiß nicht genau. Fabio hat geschrien wie ein Wilder und Gevatter Bär ist sofort aufgestanden und hinüber zum Teich gerannt. Frau Bärin hat gemeint, der Frühling stehe schon in den Startlöchern und sie seien alle schon aufgewacht, weil sie so großen Hunger hätten."
„Wirklich? Alle sagen, der Frühling kommt schon so bald", stellte Flora ungläubig fest und betrachtete den teilweise schneebedeckten Waldboden.
„Na ja, du siehst doch selbst, wie alles schmilzt. Überall tropft es. Der Boden ist schon gatschig", sagte Phio und bohrte den Stecken immer tiefer hinein.
„Du hast recht. Ich wünschte nur, es wäre noch länger Winter. Es war doch so schön. Das Rodeln, das Schifahren und unsere tolle Schneehöhle." Flora überlegte. „Dann war es wohl ziemlich unklug von uns, heute noch einmal eislaufen zu gehen. Aber Mama hat nichts gesagt. Sie meinte nur, wir sollten nicht in die Schneehöhle kriechen. Und das haben wir nicht getan."

„Richtig", stimmte Phio ihr zu. „Wir haben gefolgt."

„Komm, lass uns zu Margarita gehen", beschloss Flora und nahm ihren Bruder wieder an der Hand.

Bei der Bärenhöhle angekommen, hörten sie schon Fabio, der seiner Mama erzählte, wie alles passiert war. Viola war noch immer ganz außer sich und umarmte ihre kleine Margarita.

„Oh, ich bin ja so froh, dass es dir gut geht", flüsterte sie. Flora und Phio traten nun ebenfalls in die Bärenhöhle. Dort war es trocken und schön warm. „Vielen Dank euch allen! Ihr habt unsere Margarita gerettet. Ich danke euch von Herzen." Viola wusste gar nicht, wie sie sich bedanken sollte, so erleichtert und glücklich war sie, dass ihrer Kleinen nichts passiert war.

Flora sah Margarita an. Diese konnte schon wieder lachen und wand sich aus der Umarmung ihrer Mutter. „Danke, Flora! Du hast mich gerettet", sagte sie und fiel ihrer Freundin um den Hals.

„Nein, Gevatter Bär hat dich herausgezogen", widersprach Flora.

Margarita drehte sich um zu Gevatter Bär, der mit laut knurrendem Magen in einer gemütlichen Ecke der Höhle lag. „Vielen Dank! Du hast mir mein Leben gerettet", sagte Margarita.

„Ich schließe mich meiner Tochter an, Familie Bär. Ich möchte mich so gerne erkenntlich zeigen. Darf ich euch auf eine wunderbare Mahlzeit einladen? Der Frühling ist zwar noch nicht ganz angebrochen, doch ich vermute, dass ihr eine erste Mahlzeit gut vertragen könntet", ergänzte Viola.

„Wir haben sehr gerne geholfen", sagte Frau Bärin und erhob sich, „aber gegen eine erste Frühjahrsmahlzeit hätten wir nichts einzuwenden, oder, Gevatter?"

„Ja, das klingt sehr verlockend", antwortete dieser und wieder war ein lautes Magenknurren zu hören.

„Gut, dann werde ich etwas vorbereiten und am besten wird es sein, wir kommen in eure Bärenhöhle und essen alle gemeinsam. Wäre euch das recht?", fragte Viola.

„Ja, sehr gerne, da freuen wir uns", antwortete Frau Bärin. „Und bis dahin werden wir wohl noch ein kleines Nickerchen machen."

„Mama, wir könnten doch ein richtiges Festessen vorbereiten, oder?", bettelte Fabio und Flora war sofort Feuer und Flamme.

„Ja, genau. Ein richtiges Fest! Das wäre wunderbar. Mama hilft bestimmt auch mit", sagte sie und hüpfte begeistert auf und ab.

„Na gut", antwortete Viola, „wenn es Familie Bär recht ist, dann kommen wir heute am späten Nachmittag, wenn die Sonne über dem Zauberberg untergeht."

Frau Bärin, die gerade dabei war, sich an Gevatter Bär zu kuscheln, meinte: „Ja, das klingt sehr gut. Wir werden derweil ein Schläfchen machen. Aber wir freuen uns schon sehr auf euch."

„Auf Wiedersehen", sagten die Kinder im Chor.

„Auf Wiedersehen", antworteten die beiden Bären müde, und kaum waren die Wichtel aus der Höhle verschwunden, konnte man schon lautes Schnarchen hören.

Viola, Margarita und Fabio machten sich auf den Heimweg und auch Flora und Phio stapften durch den Matsch nach Hause. Dort angekommen erzählten sie sofort Pinka von ihrem Abenteuer.

„Da bin ich aber froh, dass alles gut ausgegangen ist", seufzte diese und nahm ihre Kinder in den Arm. „Kommt, wir werden uns gleich an die Arbeit machen und etwas Leckeres herrichten", sagte sie und überlegte, mit welcher Leckerei man einer Bärenfamilie zu Beginn des Frühjahrs eine Freude machen konnte.

Das Fest in der Bärenhöhle

Nach einigem Überlegen und einem kurzen Kontrollblick in ihrer Vorratskammer wusste Pinka, was Bären in dieser Jahreszeit am liebsten mochten. Neben dem üblichen Gemüse waren Eicheln, Marbeln und Bucheckern sehr beliebt. Und als besondere Leckerei würde sie in Honig getauchte Wurzelknollen mitbringen.

Den ganzen Nachmittag waren die drei Wichtel mit dem Herrichten des Festmahls beschäftigt. Großvater und Lux, die diesen Tag mit Bruno im TonTopf verbracht hatten, kamen erst, als die Vorbereitungen schon abgeschlossen waren.

„Oh, hier duftet es aber vorzüglich. Gibt es denn etwas zu feiern?", fragte der Wichtelpapa, als er gerade in seine gemütlichen Fellpatschen schlüpfte.

„Oh ja, Papa, heute gibt es wirklich etwas zu feiern", rief ihm Flora entgegen und schon sprudelte die Geschichte ihres aufregenden Vormittags nur so aus ihr heraus.

„Wow, das klingt richtig gefährlich", meinte Lux. „Wisst ihr denn nicht, dass ihr bei so warmen Temperaturen nicht mehr aufs Eis sollt?"

„Ja, schon, Papa, aber irgendwie haben wir einfach nicht daran gedacht", schämte sich Flora und Phio ergänzte: „Und überhaupt hat Mama nur verboten, dass wir in unsere Schneehöhle kriechen. Vom Eislaufen hat sie nichts gesagt. Wir haben gefolgt!"

„Mama hat vielleicht auch nicht daran gedacht. Aber die Hauptsache ist, dass euch und euren Freunden nichts passiert ist. Also, was wird denn dann heute gefeiert? Ein Gott-sei-Dank-alles-gut-gegangen-Fest? Oder ein Vielen-Dank-Gevatter-Bär-Fest? Oder vielleicht ein Viel-Essen-ist-schön-Fest?", witzelte Lux und beide Kinder lachten.

Flora dachte angestrengt nach. Bedankt hatten sich Margarita und Viola bei Gevatter Bär ja eigentlich schon. Da hatte sie eine Idee. „Wisst ihr, das Ganze ist eigentlich nur passiert, weil der Winter langsam zu Ende geht und der Frühling vor der Tür steht. Deshalb sollten wir einfach ein Frühlingsbegrüßungsfest feiern, oder?"

„Das klingt sehr toll", lobte Pinka ihre Tochter. „Helft ihr mir beim Zusammenpacken der vielen Leckereien?"

„Ja, natürlich, Mama", erwiderte Flora und holte den großen Weidenkorb.

Dort hinein kamen der frische Walnusskuchen und das Apfelkompott, diese Dinge hatte die Mutter für die Wichtel zubereitet. Alles für das Bärenfestmahl kam in große Holzschüsseln, die Lux vorsichtig in den Leiterwagen stellte. Und dann marschierten die fünf los. Der Weg zur Bärenhöhle war für die beiden Wichtelkinder sehr unterhaltsam, denn wieder erzählte Großvater Brock Geschichten aus seiner Kindheit. Als sie endlich angekommen waren, war die Sonne schon hinter dem Zauberberg untergegangen.

„Oh, schnell, die anderen sind schon da! Wir laufen schon mal hinein", verkündete Flora und stürmte voran in die Bärenhöhle. Phio stürzte prompt hinterher und so mussten die Erwachsenen das viele Essen alleine hineintragen.

„Mama, Papa", riefen beide Kinder und eilten, während ihre Eltern gerade mit Schüsseln beladen die Höhle betreten wollten, wieder heraus. „Eine Überraschung! Schnell, kommt!" Flora war sehr aufgeregt. Ihre Augen tanzten richtig und auch Phio war anzusehen, dass es in der Höhle etwas ganz Besonderes geben musste.

Die Wichteleltern und der Großvater ließen das Essen beim Leiterwagen stehen und folgten neugierig den Kindern.

In der Höhle war es sehr warm. Ihre Augen mussten sich erst an das dämmrige Licht gewöhnen. Sie sahen, dass Margarita mit ihrem Bruder und ihren Eltern schon da war und dass an einer Seite der Höhle auf einem alten Baumstamm eine richtig schöne Tafel hergerichtet war. Sie sahen auch, dass Gevatter Bär mit seinen Tatzen den Platz rund um den Tisch fegte und große Steine als Sitzgelegenheiten hinüberrollte. Und sie sahen, dass die Frau Bärin noch gemütlich in ihrer Schlafecke lag. Doch die Stimmung war eigenartig.

„Mama, so schau doch", bettelte Flora und zog Pinka am Kleid.

„Ich sehe nichts, Flora, was ist denn da?", entgegnete diese.

„Ja, so schau doch endlich, da liegen drei kleine Babys!" Flora bemühte sich, leise zu sprechen.

Phio kniete schon vor der Bärin und schaute sich die winzigen Bärenbabys an. Sie lagen eingerollt im Schoß ihrer Mutter.

„Meine Güte", rief Pinka entzückt, „was für eine schöne Überraschung! Wie geht es dir, liebe Bärin?"

„Oh, danke, Pinka. Es geht mir wunderbar. Allerdings bin ich schon sehr hungrig und freue mich auf ein gutes Essen."

„Kinder, helft uns beim Hereintragen, dann richten wir gleich alles für unser Frühlingsbegrüßungsfest her", sagte Pinka und wurde sofort von Flora verbessert.

„Mama, das heißt doch anders. Es ist jetzt ein Willkommen-im-Leben-Fest!"

Pinka lachte und nickte zustimmend. „Ja, gut, wie du möchtest. Dann lasst uns beginnen mit unserem Willkommen-im-Leben-Fest!"

Es wurde ein wunderschöner Abend. Während die Wichtelfamilien gemeinsam mit Gevatter Bär an der großen Tafel speisten, aß die Bärenmutter bei ihren Jungen in der Schlafecke. Es wurde gelacht und gesungen. Das Essen schmeckte ausgezeichnet und so wurde natürlich ziemlich viel und laut geschmatzt.

Als alle satt waren, setzten sich die vier Wichtelkinder zur Bärenmutter hinüber. Sie konnten sich an den süßen Bärenbabys gar nicht sattsehen. Sie waren einfach zu niedlich.

„Wie sollen sie denn heißen?", fragte Flora.

„Dieses hier ist das Erstgeborene, es wird Anju heißen. Und dieses hier", die Bärenmutter zeigte auf das kleinste der drei Babys, „soll Bala heißen."

„Oh, wie schön diese Namen klingen!", schwärmte Flora. „Und das letzte Bärchen? Wie soll das heißen?"

„Ja, wie soll es heißen?", wollte auch Phio unbedingt wissen und wippte unruhig hin und her.

„Wir werden es Hima rufen", sagte die Bärin und streichelte liebevoll ihre drei Kleinen.

Die vier Wichtelkinder konnten sich kaum vom Anblick der neugeborenen Bärenkinder lösen, doch es war bereits der Mond über den Tannenwipfeln aufgegangen und somit Zeit, sich auf den Heimweg zu machen.

„Kommt, ihr Lieben", bat Pinka ihre beiden Kinder, „wir haben schon alles aufgeräumt und Frau Bärin braucht dringend Ruhe."

„Aber, Mama, nur noch ein bisschen", bettelte Flora.

„Nein, heute nicht!", erwiderte Pinka streng.

„Kommt, ich erzähle euch wieder eine Geschichte auf dem Heimweg", versuchte Großvater Brock, die beiden zu locken.

Doch erst als Viola sagte: „Wir werden jetzt auch nach Hause gehen", waren die Kinder einverstanden. Fabio war schon eingeschlafen und wurde deshalb von seinem Wichtelpapa hochgehoben und über die Schulter gelegt.

„Na gut", stimmte Flora zu, „aber darf ich wiederkommen, Bärenmutter?"

„Natürlich, liebe Flora, wir freuen uns immer über Wichtelbesuch", antwortete Frau Bärin liebevoll.

„Dann bring ich auch wieder Wurzelknollen in Honig mit, ja, darf ich, Mama?", sprudelte es aus Flora heraus.

Und Pinka, die gerade dabei war, die restlichen Schüsseln in den Leiterwagen zu stellen, sagte: „Natürlich, aber jetzt komm. Setz dich zu Phio in den Wagen, dann spazieren wir nach Hause."

Gesagt, getan. Ein buntes Durcheinander aus „Danke", „Gute Nacht", „Schlaft gut", „Bis morgen" und „Kommt gut nach Hause" erhob sich, doch nach wenigen Minuten war die kleine Bärenfamilie alleine in ihrer Höhle zurückgeblieben. Satt von dem guten Wichtelessen und müde vom aufregenden Tag legte sich Gevatter Bär zu seiner Frau und den Kindern und gemeinsam fielen sie sofort in einen tiefen Schlaf.

Nachdem die beiden Wichtelfamilien sich vor der Bärenhöhle verabschiedet hatten, stapften Pinka, Lux und Brock mit dem Leiterwagen im Schlepptau durch den matschigen Tannenwald.

„Ach, ist das ärgerlich, dass man den Wagen nur so schlecht ziehen kann", schimpfte Pinka. Auch sie war müde von den vielen Vorbereitungen.

„Schau, Liebling, die Kinder", sagte Lux und blieb stehen. Flora und Phio waren inmitten der leer gegessenen Schüsseln eingeschlafen.

„Die beiden haben es fein", stellte Pinka fest und blickte etwas neidisch auf die beiden Wichtelkinder.

„Ach, genieß doch den schönen Mondschein. Und den Ruf der Eule. Es ist so eine wundervolle Nacht!", sagte Lux und legte seinen Arm um sie.

„Du hast recht. Es war ein wundervoller Tag und jetzt haben wir eine wundervolle Nacht", antwortete Pinka.

Als sie zu Hause angekommen waren, trugen sie Flora und Phio in ihre Kammern und schlüpften selbst ebenfalls, so schnell es ging, ins Bett. Und nicht nur die beiden Wichtelkinder, sondern auch die Wichteleltern und der Großvater träumten in dieser Nacht von den neugeborenen Bärenbabys Anju, Bala und Hima.

Der Abschied von Großvater

Jeden Tag nach der Schule streiften Flora und Phio nun gemeinsam mit ihren Freunden durch den Wald und besuchten die Bärenbabys. Und mit jedem Tag wurde es ein bisschen wärmer, so dauerte es nicht lange, bis die Wichtelkinder die ersten zarten Triebe einer Frühlingsblume fanden.

Eines Abends, als Flora und Phio mit ihren Eltern und Großvater Brock beim Abendessen saßen, verkündete jener: „Meine Lieben, ich muss euch etwas sagen." Augenblicklich war es still in der Stube. „Es ist Zeit für mich, dass ich zurück zum Zauberberg wandere."

„Aber, Großvater, nein! Warum denn?", sagte Flora sofort und ihre Augen füllten sich mit Tränen.

„Floralein, du weißt doch, dass ich nach Taja sehen muss. Der Weg zum Zauberberg ist sehr weit, und damit ich rechtzeitig ankomme, muss ich mich aufmachen."

„In Ordnung, Brock. Wann wirst du aufbrechen?", fragte Pinka und sah ihrem Mann in die Augen. Lux wirkte nachdenklich.

„Bei meinem letzten Besuch bei Hilda, der Waldratsvorsitzenden, habe ich mit ihr vereinbart, dass ich am kommenden Sonnabend gehe. Das ist übermorgen. Wir können noch einen schönen Tag zusammen verbringen. Und vielleicht habt ihr ja Lust, mich ein Stückchen zu begleiten?", schlug der Großvater vor.

Lux blickte Brock eindringlich an und sagte dann: „Gut, Vater. Wir begleiten dich ein Stück. Leider hatten wir aufgrund der spannenden Wochen und der vielen Arbeit nie wirklich Zeit, über die Zukunft mit Taja zu sprechen. Wäre es dir recht, wenn wir das heute Abend noch machen?"

„Natürlich, Lux. Wir besprechen alles, sodass du Bescheid weißt, was meine Pläne sind."

„Und wir müssen auch Bescheid wissen", forderte Phio und kletterte dabei auf die Bank.

„Komm runter und setz dich wieder! Das sind Gespräche unter Erwachsenen. Das ist nichts für Kinder!", meinte Pinka und zog ihren Sohn am Pullover nieder.

„Doch, sicher. Wir müssen auch wissen, was geplant ist", versuchte jetzt Flora ihr Glück. „Wir werden Großvater schließlich vermissen. Und müssen deshalb wissen, wann er wiederkommt. Und wann Taja wiederkommt. Da gibt es viel, das wir wissen müssen!"

„Schon gut, Kinder. Bevor ich abreise, werde ich euch alles erzählen. Einverstanden? Aber für heute ist es spät. Ich denke, ihr solltet euch fürs Bett herrichten. Und wenn ihr brav seid, dann erzähle ich euch noch eine Geschichte", versuchte Großvater Brock, die beiden aufzuheitern.

Und natürlich waren sie brav, denn es gab nichts Schöneres für die zwei, als Großvaters Geschichten zu lauschen.

So dauerte es nur wenige Momente, bis sie in ihren Pyjamas in Großvaters Armen auf dem Fell vor dem Kamin lagen. „Los, erzähl, Großvater!", bettelte Flora und schmiegte sich an den alten Wicht.

Und dieser begann zu erzählen: „Es war einmal mitten im Wichtelwald eine wunderschöne Wiese, die von stolzen Tannen umgeben war. Im Sommer blühten dort zahlreiche Blumen, die Bienen schwirrten durch die Luft und auch Schmetterlinge liebten diesen ruhigen Ort. Es war ein zauberhafter Platz, den wir Wichtelkinder gerne zum Spielen nutzten.

Meine Geschichte ist zu einer Zeit passiert, in der wir Wichtel noch die Stimmen der Bäume verstehen konnten, und so ergab es sich, dass ich einmal ein Gespräch erlauschen konnte. Zwei der schönsten Tannen klagten darüber, dass sie die letzten jungen Tannen auf dieser Wiese wären und dass keine mehr nachkämen. Der Platz war eigentlich ideal und es gab keinen Grund, warum dort nicht weiterhin kleine Bäumchen wachsen sollten. So rätselten die beiden, woran dies wohl liegen konnte. An anderen Orten, dort, wo es steiniger war, gab es jedes Jahr Tannennachwuchs, doch auf jener Wiese wuchsen zwar die allerschönsten Blumen, doch keine kleinen Bäume.

Eines Tages, der Herbst war gerade übers Land gezogen, saß die junge Eichhörnchenfamilie, die seit ein paar Jahren im Tannenwäldchen war, auf der Wiese, um die herumliegenden Samen der Tannenzapfen zu verspeisen. Nichts ahnend genossen sie die Köstlichkeit und fraßen alles bis auf das letzte Körnchen auf.

Die zwei großen Tannen wussten, dass es nur möglich war, dass neue Bäumchen wuchsen, wenn die Samen auf der Erde blieben. Also versuchten sie, mit Knacken und Ächzen die Eichhörnchen zu vertreiben, aber es gelang ihnen nicht. Keine einzige Tschurtsche blieb übrig und somit gab es keine Chance auf ein neues Bäumchen."

„Das ist aber sehr traurig, Großvater", sagte Flora und schaute den alten Wicht an.

„Wie geht's weiter?", konnte es Phio kaum abwarten.

Und Brock fuhr fort: „Die zwei Tannen durchforsteten ihre Äste und Zweige auf der Suche nach einer verbliebenen Tschurtsche. Und tatsächlich konnten sie eine kleine, mickrige an der Spitze der größeren Tanne finden. Mit aller Mühe schüttelte sich der Baum, sodass sich der Zapfen löste und zu Boden fiel. Dieser landete inmitten der schönen Wiese. Und dann hieß es warten.

Der Herbst verging und ein kalter Winter ließ alle den Atem anhalten. Doch dann im Frühling war es so weit. Zaghaft blickte das erste Grün aus dem Sämling. Das wechselhafte Wetter bot ideale Bedingungen. Einmal Sonne, dann wieder

Regen. Und die zwei großen Tannen hegten und pflegten das kleine Bäumchen, so gut es ihnen möglich war. Sie schickten Kraft über ihre Wurzeln und sorgten für Schutz im Sturm. Außerdem erzählten sie der kleinen Tanne jeden Tag schöne Geschichten von all den Dingen, die sie erlebt hatten. Und so wuchs aus dem Samen des letzten Tannenzapfens tatsächlich ein kleines Bäumchen heran.

Schnell war klar, dass diese Tanne anders war als alle übrigen. Sie wuchs nicht so hoch wie die anderen. Sie war nicht so gerade und wirkte immer ein bisschen fehl am Platz. Ein besonderes Bäumchen eben."

„Meine Güte, das arme Bäumchen", sagte Flora voller Mitleid.

„So warte, Flora! Hör zu!", forderte Großvater sie auf und erzählte weiter. „Eines Tages, der erste Schnee hatte sich über den Wichtelwald gelegt, hörte die kleine Tanne, dass ein junger Wichtel mit seinem Vater vorbeikam." Phio spitzte die Ohren. „Der kleine Wichtelbub war begeistert von dem schiefen Bäumchen und wollte es unbedingt als Weihnachtsbaum mitnehmen."

„Das bin ich!", rief Phio begeistert. „Ich und Papa, wir sind das! Und unser Baum!" Der Kleine schaute sich verdutzt um. „Wo ist denn eigentlich der Weihnachtsbaum? Ich habe gar nicht bemerkt, dass er nicht mehr da ist." Phio hüpfte auf, um überall nachzusehen, doch Großvater hielt ihn zurück.

„Komm, setz dich zu mir! Das möchte ich dir doch gerade erzählen." Gehorsam setzte sich der Junge wieder. „Der Wichtelbub hatte sich sofort in das Bäumchen verliebt und er hat es geschafft, seine Familie davon zu überzeugen, einen Brauch der Menschen aufzugreifen und das kleine Bäumchen als Weihnachtsbaum aufzustellen. So kam es, dass zwei Wichtelkinder gemeinsam mit ihren Eltern in den Wald kamen, um den kleinen Baum abzusägen und mitzunehmen.

Zuerst war die Tanne sehr traurig, dass sie einfach so fortgerissen wurde von ihren lieben Freunden, doch schon kurze Zeit später stand sie in einer gemütlichen Stube und wurde liebevoll geschmückt. Goldene Fäden zierten sie und herrlich duftende Honigkerzen leuchteten auf ihr. Und zu ihren Füßen lagen schön verpackte Geschenke. Die schiefe Tanne war stolz darauf, ein Weihnachtsbaum sein zu dürfen, und gab sich alle Mühe, jeden Tag ihre Äste weit auszustrecken und sich in aller Schönheit zu zeigen.

Doch in der Stube war es warm. Das Feuer knisterte jeden Tag im Kamin und die Wichtel hatten es versäumt, dem Bäumchen zu trinken zu geben. So wurde es trockener und mit jedem Tag warf es mehr und mehr Nadeln ab."

Flora und Phio hatten Mitleid mit dem Baum.

„Weiter, Großvater!", bat Flora, als Brock einen Moment verschnaufen wollte.

„Kurz nach dem Lichterfest wurden die beiden Kinder krank und mussten das Bett hüten. Und weil die kleine Tanne schon die ersten Nadeln verloren hatte und die Gefahr eines Brandes in der Stube zu groß war, wurde sie von den Wichteleltern abgeschmückt. So stand sie nun da und fühlte sich nackt und alleine. Doch der Großvater hatte eine Idee. Er nahm das Bäumchen und stellte es in einen mit Wasser gefüllten Kübel ins Gartenhaus. Nach wenigen Tagen, in denen die Tanne schon fleißig getrunken hatte und wieder etwas zu Kräften gekommen war, gab der Wichtelpapa ein Wachstumselixier in den Kübel und verwöhnte das junge Bäumchen jeden Tag mit einer Geschichte. Während draußen noch der eisige Winter den Wald den Atem anhalten ließ, konnte sich die kleine, schiefe Tanne im Gartenhaus etwas erholen.

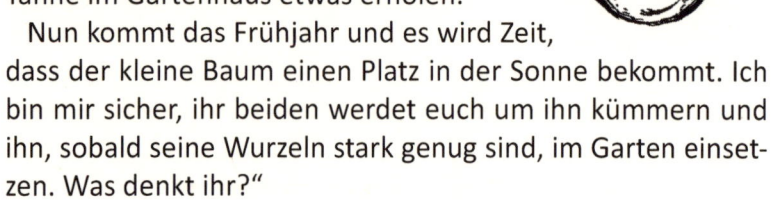

Nun kommt das Frühjahr und es wird Zeit, dass der kleine Baum einen Platz in der Sonne bekommt. Ich bin mir sicher, ihr beiden werdet euch um ihn kümmern und ihn, sobald seine Wurzeln stark genug sind, im Garten einsetzen. Was denkt ihr?"

Flora und Phio konnten es kaum glauben. „Du hast unseren Weihnachtsbaum gerettet?", fragte Phio verdutzt.

„Du kannst hören, was Bäume sagen?", interessierte sich Flora.

Doch Großvater war müde vom Erzählen und meinte nur: „Nun ab mit euch ins Bett! Und träumt etwas Schönes. Den Rest besprechen wir morgen."

Nur ungern gingen die zwei in ihre Kammern, doch beide schliefen schnell ein, als sie sich unter ihre Decken gekuschelt hatten. Während in der Wohnstube Großvater Lux und Pinka von seinen Plänen und Vorhaben erzählte, träumten die beiden schon von einer stolzen Tanne mitten in ihrem Garten.

Der nächste Tag verging wie im Flug. Natürlich führte der erste Weg der beiden Wichtelkinder, als sie früh am Morgen aufgestanden waren, ins Gartenhaus.

Dort begrüßten sie ihr Bäumchen und bewunderten, wie kraftvoll es aussah. Großvater erklärte ihnen, dass es für die Tanne, aber auch für sie selbst gut wäre, wenn sie sich immer wieder einmal Zeit nähmen und sich in Ruhe zur Tanne setzten.

„Erzählt ihr eine Geschichte! Eine Geschichte von der Sonne oder von Eichhörnchen. Ganz egal, Hauptsache, die kleine Tanne hat nicht das Gefühl, alleine zu sein. Und versprecht mir, dass ihr sie einsetzt, sobald es warm genug ist."

„Das versprechen wir, Großvater", gelobten die Kinder.

„Was machen wir heute?", wollte Flora wissen, als sie alle zusammen beim Frühstück saßen.

„Ich würde gerne noch einmal einen Spaziergang durch den Wald machen und mich von den Tieren verabschieden. Und natürlich muss ich noch meine Sachen zusammenpacken, denn ich werde morgen losgehen", meinte Großvater und biss in eine Scheibe geknuspertes Brot.

„Du warst in den letzten Wochen sehr viel unterwegs, Brock. Hast du denn schon allen Bescheid gegeben, wann du abreisen wirst?"

„Nein, Pinka, natürlich nicht. Außer Hilda weiß das noch niemand. Doch sie hat versprochen, es den anderen zu sagen. Wir treffen uns morgen früh am Marktplatz und jeder, der möchte, ist eingeladen, mit uns zu frühstücken. Wäre es möglich, dass wir heute zusammen Brot backen? Jeder wird etwas mitbringen."

„Natürlich können wir frisches Brot backen. Und ich habe noch ein paar Gläser mit köstlicher Waldbeermarmelade", sagte Pinka.

„Wunderbar! Und eine Jause dürfen wir nicht vergessen", warf Lux ein. „Ich könnte mir vorstellen, dass wir Hans bitten, uns mit dem Schlitten zu begleiten. So macht der ganze Ausflug gleich doppelt so viel Spaß, oder, Kinder?"

Die beiden grinsten. So verging der Tag mit all den Vorbereitungen und einigen Besuchen.

Früh am nächsten Morgen war es dann so weit. Großvater packte seinen Rucksack.

„Ach, ich werde dich sooooo vermissen!", jammerte Flora.

„Ich werde dich auch vermissen, meine Kleine", erwiderte Großvater und küsste sie auf die Stirn. „Komm, Flora. Hilf trotzdem mit. Dein Papa ist gerade zu Hans gegangen und wird bestimmt gleich mit dem Schlitten im Garten stehen. Wir müssen alles für das große Frühstück aufladen. Und natürlich Decken für euch. Immerhin begleitet ihr mich noch ein Stück."

Flora schaute wenig begeistert zur Haustür. Sie war traurig, weil sie es gar nicht mochte, wenn sie sich von jemandem verabschieden musste. Unzufrieden schlich sie durch die Wurzelhöhle.

„Bitte, Flora, hilf doch mit. Schau, wir alle helfen zusammen. Es wäre schön, wenn du dich beteiligst", versuchte Pinka, ihr Mädchen zu motivieren.

Aber Flora wollte nicht. Sie wollte einfach ihre Ruhe haben.

Kurze Zeit später war alles bereit.

„Komm, Flora, schlüpf in deine Jacke und auf geht's! Es wird bestimmt ein tolles Fest", meinte Pinka und ging hinaus.

Großvater aber kam noch einmal herein zu Flora und sagte: „Weißt du, ich mag es auch nicht, wenn ich mich verabschieden muss. Aber es ist eigentlich kein Abschied. Denn ich komme wieder. Ziemlich bald sogar!"

„Wirklich?"

„Ja, spätestens zu deinem Geburtstag bin ich wieder da, Flora. Für mich ist der Weg nur in eine Richtung weit, denn zurück in den Wichtelwald wird mich bestimmt Taja begleiten. Auf ihr zu fliegen ist herrlich und es geht ganz schnell. Ich denke ..." Großvater hielt kurz inne.

„Mach es nicht so spannend!", versuchte Flora, ihn zum Weiterreden zu animieren.

„Ich denke, du darfst sicherlich auch einmal mit Taja fliegen."

„Wirklich?" Flora blieb der Mund offen stehen.

„Ja, schau, du kannst ja doch noch lachen! Wirklich, Flora! So lass uns heute ein schönes Frühstück genießen und dann eine zauberhafte Wanderung durch den Wichtelwald. Je eher ich weg bin, desto schneller bin ich wieder da."

Flora war irritiert. Aber ihre Laune war deutlich besser. Sie zog sich an und rannte hinaus in den Garten. „Los geht's!", rief sie vergnügt und marschierte in Richtung Waldpfad.

„Was hast du ihr gesagt?", versuchte Pinka, Großvater zu entlocken, was die Laune ihres Mädchens derart verbessert hatte.

Doch Brock verriet nichts. „Lasst uns einfach den Tag genießen!"

Und wie sie ihn genossen! Schon aus einiger Entfernung hörten sie das Lachen vieler Wichtel und sie staunten nicht schlecht, als sie den Marktplatz sahen. Rund um den Feuerplatz lagen wie üblich die großen Holzstämme, doch davor standen kleine Tischchen, liebevoll gedeckt mit Tellern und Tassen.

Am Rand standen Körbe, gefüllt mit frischen Broten und Kuchen. Es duftete herrlich. Einige Kannen mit dampfendem Tee und Zichorienkaffee standen bereit und sogar Marmeladen und Nusscreme wurden angeboten.

„Willkommen!", grüßte Hilda. „Wir freuen uns, dass ihr gekommen seid!"

„Ich bin wirklich überrascht. Ich dachte eher an ein kleines gemeinsames Frühstück. Das hier ist ja ein richtiges Fest", meinte Großvater und blickte in die Runde.

„Natürlich, Brock. Immerhin hat sich viel verändert, seitdem der weiße Drache keine Gefahr mehr für uns ist. Du kehrst zu ihm zurück und das gehört gefeiert!"

„Und er kommt wieder!", rief Flora, sodass es alle hören konnten, und Großvater ergänzte: „Ja, genau, ich komme zurück! Im Herbst werde ich mit Taja zurück in den Wichtelwald kommen, um den Winter wieder hier zu verbringen."

Alle klatschten und jubelten.

„So lasset uns beginnen", sagte Hilda und klopfte Brock auf den Rücken. „Ich denke, unser Plan wird Sinn machen. Danke, dass du dazu bereit bist, Brock."

„Aber natürlich, Hilda. Immerhin bin ich mittlerweile die Stille und die Einsamkeit des Zauberbergs gewohnt. Ich habe das Wichtelleben hier im Wald genossen, doch ich freue mich auch auf eine ruhige Zeit alleine."

Flora und Phio hatten für ihre Familie schon einen Platz ausgesucht und es dauerte nicht lange, bis sich eine eigenartige Stille über den Marktplatz legte.

Alle genossen ihr Frühstück, nicht nur die Wichtel, sondern auch die Tiere, die nach und nach aus dem Wald ins Wichteldorf strömten.

Natürlich hatten die Wichtelkinder nicht lange die Ruhe, um sitzen zu bleiben, und eröffneten schließlich den lustigen Teil des Festes. Sie spielten Verstecken, kicherten und lachten. Auch die erwachsenen Wichtel erfreuten sich am Zusammensein und es wurden viele alte Geschichten erzählt.

Irgendwann jedoch meinte Großvater Brock: „Seid mir nicht böse, doch die Sonne steht schon hoch. Es wird Zeit aufzubrechen."

Schlagartig veränderte sich die Stimmung am Marktplatz und Wehmut legte sich über sie.

„Komm, lass dich umarmen", sagte Hilda und drückte Brock fest an sich. „Wir werden uns bald wiedersehen."

„Natürlich", antwortete er und man sah ihm an, dass er es sichtlich genoss, von der Waldratsvorsitzenden umarmt zu werden.

Michael, Lux' Bruder, verabschiedete sich lange von seinem Vater. „Ich wünschte mir, auch du würdest eine gute Frau finden, mein Sohn", sagte Brock und klopfte ihm aufbauend auf die Schulter.

„Ja, Vater. Das werde ich", sagte dieser und lächelte einer zauberhaften blonden Wichtelfrau zu, die etwas abseits stand. „Ich bin sehr viel unterwegs in den Wäldern. Damit Lux nicht allzu weit von seiner Familie wegmuss, übernehme ich immer die entlegenen Gegenden. Aber, Vater, irgendwann werde ich auch eine Familie haben, da bin ich mir sicher."

„Schön, mein Sohn! Ich freue mich darauf, dich bald wiederzusehen. Wirst du mich besuchen kommen?"

„Aber sicher. Wie immer werde ich zu Beginn des Sommers kommen. Und natürlich werde ich wie immer einiges an frischem Proviant mitbringen."

„Danke dir, Michael."

„Gute Reise, Vater, pass gut auf dich auf!"

Es dauerte noch einige Zeit, bis Brock sich von allen verabschiedet hatte, doch zur Mittagszeit war es dann so weit. Gemeinsam mit Lux, Pinka, Phio und Flora marschierte der alte Wicht los in Richtung Zauberberg. Die Hausmaus Hans zog den Schlitten, doch es war eher mühsam, denn der Waldboden war an einigen Stellen von der Sonne aufgeweicht und damit sehr matschig.

Während die Wichtel fröhlich voranmarschierten, fiel Hans immer weiter zurück. „Halt, wartet! Ich kann nicht mehr!", rief er irgendwann und gab auf.

Lux eilte zu ihm und sah den Schlamassel. Hans war sehr erschöpft und der Schlitten über und über voller Dreck. „Entschuldige bitte, Hans. Ich war zu wenig aufmerksam. Ich hätte sehen müssen, dass du den Schlitten nicht ziehen kannst."

„Ach, ist schon in Ordnung, Lux. Aber ich schaffe das nicht. Ich werde umkehren und nach Hause gehen. Ist das in Ordnung?"

Flora und Phio kamen angelaufen. „Warum gehst du heim? Du wolltest doch mitkommen."

„Schaut, Kinder, der Schlitten versinkt in der weichen Erde. Es ist zu anstrengend für Hans, ihn den weiten Weg zu ziehen. Und weil wir selber starke Füße haben ...", sagte Lux, doch er konnte nicht fertig sprechen.

„... können wir auch selber gehen?" Die Kinder sahen ihn mit großen Augen an.

„Natürlich! Oder sind eure Füße etwa nicht stark genug?"

Das ließ sich Phio nicht zweimal sagen. „Sicher! Ich habe die stärksten Füße überhaupt!"

Flora war weniger begeistert, doch sie sah, wie Hans sich quälte, und ging mit hängendem Kopf zurück zu Großvater.

„Auf Wiedersehen, Brock!", verabschiedete sich die Hausmaus. „Wir werden uns wiedersehen!"

„Vielen Dank für deine Mühe, lieber Hans. Ich weiß es sehr zu schätzen. Bis bald!"

Während Lux Hans half, den Schlitten zu wenden, und versuchte, diesen auf festeren Boden zu stellen, erklärte Pinka den Kindern: „Wir werden nur noch ein kleines Stück mitgehen und dann eine Abkürzung quer durch den Wald nehmen. Ist das so für euch in Ordnung?"

„Ja, Mama", sagten die Kinder.

Phio war dankbar, dass die Stärke seiner Füße nicht getestet wurde, und Flora war geknickt, weil sie wusste, dass nun der Abschied von Großvater nahte. Still stapfte die kleine Wichtelfamilie durch den matschigen Wald. Und dann kam der Moment, vor dem sich Flora so sehr fürchtete.

Großvater blieb stehen und sagte: „So, meine Lieben, ab hier werde ich alleine weitergehen. Die Sonne steht schon recht tief und ihr sollt doch rechtzeitig nach Hause kommen."

„Und du, Großvater, du kommst doch niemals heute an. Der Weg ist noch so weit!", sorgte sich Flora.

„Ach, ich kenne den Weg zum Zauberberg sehr gut. In regelmäßigen Abständen gibt es immer wieder Höhlen oder sogar kleine Hütten, die Reisende bewohnen können. Die Tiere sind immer freundlich und kümmern sich um ihre Besucher."

Das beruhigte Flora.

„Kommt her, meine Kinder. Lasst euch fest umarmen. Ich habe die Zeit mit euch sehr genossen. Und denkt immer an mich und Taja. Wir werden euch besuchen, wenn die Zeit reif ist." Großvater Brock umarmte Flora und Phio fest und innig. „Pinka, danke, dass du dich so lieb um mich gekümmert hast. Wie du siehst, hat mir dein Essen gut geschmeckt." Brock streichelte seinen Bauch und man konnte deutlich erkennen, dass sein Hemd ordentlich spannte.

„Danke, Brock! Ich habe es sehr genossen, dass du bei uns warst. Du bist jederzeit eingeladen", sagte Pinka und umarmte ihren Schwiegervater.

Dieser wandte sich nun an Lux. „Mein Sohn, du kannst sehr stolz auf deine Familie sein. Du hast eine wundervolle Frau und wundervolle Kinder. Ich bin froh, dass du ein so gutes Leben hast."

„Danke, Vater", erwiderte Lux. „Und ich bin froh, dass sich diese Sache mit dem Drachenwachen endlich erledigt hat. Dafür kann ich dir gar nicht oft genug danken."

Brock umarmte ihn herzlich. „Du weißt gar nicht, wie froh ich bin, mein Sohn. Endlich kann ich bei dir und deiner Familie sein. Und bei deinem Bruder. Und vor allem: Du musst niemals deine Familie verlassen!"

Phio schaute die beiden mit großen Augen an. „Papa muss uns verlassen?", fragte er aufgeregt.

„Nein, Phio, keine Sorge. Dein Papa wird dich nie verlassen", sagte Großvater Brock und wandte sich noch einmal an Lux. „Ich freue mich, dass ich im Herbst wieder zu euch kommen kann. Bitte achte gut auf deine Familie!"

„Das werde ich, Vater. Darauf kannst du dich verlassen. Auf Wiedersehen!"

Noch einmal umarmten sich die beiden herzlich. Dann ging Großvater Brock seiner Wege.

Flora und Phio winkten ihm noch lange nach, doch irgendwann meinte Pinka: „Nun kommt, wir gehen nach Hause. Es dämmert schon. Der Weg ist weit."

Ungern machten sich die Kinder auf den Rückweg.

„Es wäre viel lustiger gewesen, jetzt bei Hans auf dem Schlitten zu sitzen. Das war gemein, dass er nach Hause gegangen ist", schimpfte Flora.

„Aber, aber, so etwas will ich nicht hören! Hans hilft uns immer, wenn wir ihn brauchen. Doch es war für ihn viel zu anstrengend, den Schlitten durch den matschigen Wald zu ziehen. Flora, ich hoffe, du verstehst das. Du bist jung und stark. Es ist reine Faulheit, dass du nicht laufen willst. Also bemühe dich bitte!" Pinka ärgerte sich über ihr Mädchen, doch Lux versöhnte die beiden rasch.

„Komm, Pinka, sei nicht so streng mit ihr. Sie ist traurig, weil Großvater zurück zum Zauberberg gehen musste."

„Du hast recht. Aber, Flora, ich möchte trotzdem, dass du selbstständig nach Hause gehst, ohne auf Hans zu schimpfen. Er hat das nicht verdient!"

„Das weiß ich", sagte Flora und ging schweigend neben ihren Eltern durch den Wald.

Als sie endlich zu Hause ankamen, stand der Mond schon hoch am Himmel. Erschöpft fielen die Kinder in ihr Bett, zu müde, um auch nur einen Gedanken an die schöne Winterzeit zu verschwenden. Der Frühling stand ja schon vor der Tür und es sollte ein ganz besonderer für Flora und Phio werden, denn viele neue Abenteuer warteten auf die beiden Wichtelkinder.

Die Autorin

Tania Eichhorn wurde 1979 geboren.

Gemeinsam mit ihrer Familie genießt die Inzingerin den Zauber, den ihre Heimat, die *wunder*VOLLE Tiroler Bergwelt, zu bieten hat. All die Erlebnisse, das einzigartige Freiheitsgefühl sowie das Vertrauen in die Natur spiegeln sich in ihren Geschichten wider.

Danksagung

Von Herzen danke ich meinem Papa Günther dafür, dass er mit mir in die Welt der Wichtel eingetaucht ist, mich über viele Jahre immer wieder motiviert und angeschupst hat und mit eigenen Liedern und faszinierenden Klängen mitgeholfen hat, Kinder und Erwachsene zu bezaubern. Außerdem danke ich Iris, die mit viel Liebe all die wunderbaren Bilder gezeichnet hat und auch die fantasievollsten Textstellen einzigartig illustriert hat. Natürlich danke ich auch meinem Mann Philipp und den Kindern, dass sie mir die vielen Schreibstunden zugestanden haben und für die ein oder andere Situation die Idee lieferten.

Unser Buchtipp

Paul, der kleine Waschbär, und Flora, seine beste Freundin, glauben nicht an „geheime Kräfte". Sie glauben nur an das, was sie sehen. Alles andere ist Unsinn. Und das wollen sie mit ihrer Reise beweisen. Einer Reise in die Zauberhöhle, von der sie in den alten Geschichten gehört haben. Auf dem Weg dorthin begegnen sie ihren Ängsten und einer Möglichkeit, sie zu überwinden.

Anna Haker
Paul und Flora – Die geheimen Kräfte

ISBN: 978-3-86196-629-6
Hardcover, 52 Seiten, farbig illustriert

www.papierfresserchen.de